SHANKARA

Das Kleinod der Unterscheidung

SHANKARA

Das Kleinod der Unterscheidung

UND

Die Erkenntnis der Wahrheit

advaita media

In der Reihe *Klassische Weisheitstexte* sind bisher erschienen:
Shankara – Das Kleinod der Unterscheidung
Sri Karapatra Swami – Advaita Bodha Deepika

SHANKARA
Das Kleinod der Unterscheidung

Neuausgabe:
advaitaMedia – *Weisheit aus der Stille*
Am Gutspark 1
D-23996 Saunstorf
info@advaitamedia.com
www.advaitamedia.com

Lektorat: Dr. Rüdiger Porep
Umschlagsgestaltung und Satz: Katja Dorow-Schwart
Bilder: Wikipedia, iStock/Stefan Ilic
Druck & Bindung: CPI books GmbH, Leck
Die Herausgabe dieses Buches wurde durch die finanzielle Unterstützung von Gerhard und Bettina Hausner ermöglicht.

1. Auflage 2023

ISBN 978-3-936718-72-0

Zu diesem Buch: Das Viveka-chudamani (Kleinod der Unterscheidung) und das Tattva-bodha (Erkenntnis der Wahrheit) von Sri Shankaracharya, gennant Shankara. Mit einem Vorwort und einer Einführung von Swami Prabhavananda und Christopher Isherwood sowie einem Nachwort von Kurt Friedrichs.
Der Titel, der im Verlag Vedanta Press, Hollywood, Cal., erschienenen Originalausgabe des Viveka-chudamani lautet: „SHANKARA'S CREST JEWEL OF DISCRIMINATION". Einzig berechtigte Übersetzung aus dem Amerikanischen von Ursula von Mangoldt. Das Tattva-bodha wurde von Hari Prasad Shastri aus dem Sanskrit ins Englische übertragen. Einzig berechtigte deutsche Übersetzung von Kurt Friedrichs. Dieses Werk ist zuerst 1981 im Otto Wilhelm Barth Verlag erscheinen. Auch nach intensiver Recherche konnten wir keine Nachkommen von Kurt Friedrichs ausfindig machen. Mögliche Rechteinhaber an seiner Übersetzung können sich beim Verlag melden.

Bibliografische Information der Deutschen Nationalbibliothek.
Die Deutsche Nationalbibliothek verzeichnet diese Publikation in der Deutschen Nationalbibliografie; detaillierte bibliografische Daten sind im Internet über http://dnb.d-nb.de abrufbar.

INHALTSVERZEICHNIS

Shankara mit Schülern
(Gemälde von Raja Ravi Varma, 1904)

Geleitwort zur Neuausgabe

Es gibt unvergängliche Zeugnisse der Verwirklichung höchsten menschlichen Potenzials, wozu ohne Zweifel die hinduistische Philosophie gehört, die weit in der Menschheitsgeschichte zurückreicht, weit jenseits unserer Zeitrechnung. Dazu gehören die Veden[1]. Ein bedeutender Vedanta[2]-Gelehrter deutscher Zunge ist Kurt Friedrichs (1917-2007), dem wir eine Vielzahl von Übersetzungen vedantischer Schriften, deren Veröffentlichung und vertiefende Kommentare dazu verdanken.

Ein Buch, dessen Existenz in dieser Form auf sein Wirken zurückgeht, ist das hier als Nachdruck einer Ausgabe von 1981 vorliegende: Shankara, *Viveka-chudamani* – Das Kleinod der Unterscheidung[3]. Es enthält darüber hinaus Kurt Friedrichs Übersetzung des vedischen Klassikers *Tattva-bodha* – Die Erkenntnis der Wahrheit,deren Autor ebenfalls Shankara ist. In einem ausführlichen Nachwort schlägt Kurt Friedrichs eine vermittelnde Brücke zwischen den Lehren des Vedanta und dem philosophisch-spirituellen Schatz des Abendlandes.

Übertragungen des Werkes ins deutsche von Shankara, *Viveka-chudamani* gibt es mehrere. Die erste erschien im

---

1 *veda* (Sanskrit, m.) –> Wissen; Bezeichnung für die Gesamtheit der ältesten Texte, die nach traditioneller Auffassung nicht von Menschen geschaffen sind, sondern denen eine ewige Realität zugeschrieben wird, also göttliche Offenbarung sind.

2 *vedanta* (Sanskrit, m.) –> zusammengesetzt aus *veda* und *anta* (Sanskrit, m.) –> Ende, Vollendung des heiligen Wissens

3 Scherz Verlag, Bern, München, Wien, für Otto Wilhelm Barth Verlag

Jahre 1957 in der Übersetzung von Ursula von Mangoldt im O.W. Barth Verlag; sie liegt dieser Ausgabe zugrunde. Wenn auch Anfang des 21. Jahrhunderts neue kommentierte Übersetzungen erschienen sind, atmet die von Kurt Friedrichs vorgelegte Ausgabe einen so authentisch vedantischen Geist, dass das seit Langem vergriffene Buch nun wieder und weiterhin verfügbar gemacht werden soll.

Es ist eine Ehre für den Verlag advaitaMedia, mit dieser Neuausgabe das Wirken von Kurt Friedrichs zu würdigen. In unserer Zeit hat er eine nachhaltige Wirkung auf die Vedanta-Bewegung ausgeübt. Das 1933 von Swami Yatiswarananda gegründete und geleitete offizielle Vedanta-Zentrum in Wiesbaden wurde 1938 aus dem unsäglichen Zeitgeist geschuldeten Gründen geschlossen. Die Vedanta-Arbeit des Vedanta-Zentrums Wiesbaden e.V. wurde mit Kurt Friedrichs, der Schüler von Swami Yatiswarananda war, ab 1959 als Präsident wieder aufgenommen. Neben Büchern und Übersetzungen initiierte und verantwortete er auch die Herausgabe des vierteljährlich erscheinenden Journals *„Vedanta"*.

Wir hatten das Glück, Kurt Friedrichs, hochbetagt, in Hamburg nicht nur persönlich kennenzulernen, sondern ihn für einen Beitrag für das advaitaJournal zu gewinnen mit dem Titel: *Wie der Advaita-Vedanta entstanden ist*[4]. Wir fühlen uns ihm zu Dank verpflichtet.

Saunstorf, im August 2023
Dr. Rüdiger Porep

4 advaitaJournal, Vol. 2, Frühjahr/Sommer 2000, S. 36 f.

Vorwort

Eine phantastische Aura von schönen Legenden umgibt die asketische, bezaubernde, knabenhafte Gestalt Shankaras – des Heiligen, Philosophen und Dichters. Geschichtlich gesprochen aber wissen wir nur sehr wenig über seine Lebensumstände.

Er wurde um das Jahr 686 n. Chr. in einer Brahmanen-Familie in Kaladi, einem kleinen Dorf im westlichen Malabar, in Südindien, geboren. Mit zehn Jahren galt er schon als ein Wunderkind. Er hatte nicht nur alle heiligen Schriften gelesen und im Gedächtnis behalten, sondern auch Kommentare zu vielen dieser Schriften verfasst und mit berühmten Gelehrten aus allen Teilen des Landes diskutiert.

Dennoch war der Junge nicht zufrieden. In einer Zeit, in der die meisten Kinder erst zu lesen beginnen, hatte ihn schon die Leere der Bücherweisheit abgeschreckt. Denn er sah, dass seine Lehrer nicht die erhabene Wahrheit lebten, die sie lehrten. Die Gesellschaft, in der er lebte, war voller Vergnügungssucht und materiellen Interessen. Indien durchlief eine Zeit des geistigen Abstiegs. Shankara aber war in seinem jugendlichen Eifer entschlossen, sein Leben zu einem Vorbild zu machen, das die Menschen zum Pfad der Wahrheit zurückführen sollte. Zu jener Zeit starb sein Vater. Der Knabe grübelte über das Rätsel von Leben und Tod und beschloss, es zu lösen. Er wollte bei seiner Suche nach dem Sinn des Seins auf alles andere verzichten. Damals schrieb er das Gedicht, das den Titel *Moha Mudgaram* (Das Zerbrechen der Täuschung) trägt:

Wer ist dein Weib, wer ist dein Sohn?
Wie seltsam sind die Wege dieser Welt.
Wer bist du? Und woher bist du gekommen?
Sinn' diesen Dingen nach und ehre Gott.

Unwissenheit umfängt dich wie ein Meer.
Bedenk' des Menschen sinnlos' Treiben:

Als Kind dem Spielzeug hingegeben,
Als Jüngling in der Liebe Zauberbann,
Im Alter tiefgebeugt von Sorgen –
Und niemals Gottes eingedenk!
Die Stunden fliehen, Jahreszeiten wechseln
und das Leben ebbt dahin,
Doch bleibt die Hoffnung stets im Herzen wach.

Geburt bringt Tod und Tod bringt neues Leben:
Dieses Übel bedarf keines Beweises.
Wo aber, Mensch, bleibt deine Seligkeit?
Es zittert dieses Leben um sein Gleichgewicht
Wie Wasser an dem Rand des Lotusblattes.
Der Weise aber kann uns augenblicklich
Die Brücke zeigen über dieses Meer des Wandels.

Wenn müd' der Körper und die Haare grau,
Wenn zahnlos und die Hände zitternd,
Der Greis gebückt am Stabe wankt,
Ist noch die Schale seiner Wünsche voll.
Vielleicht wird Leiden dir dein Sohn bereiten,
Dein Reichtum garantiert nicht Seligkeit.
Drum blicke eitel nicht auf deine Güter,
Auf die Familie nicht, noch deine Jugend.
Denn alles flieht und alles muss sich wandeln.

Erkenne dieses und sei frei.
Geh in des Herren Freude ein.
Such' Frieden nicht noch Streit
Mit Sippe, Freunden oder Feind.
Willst du, Geliebter, Freiheit finden,
Sei gleich zu allen, wer es immer sei.

Nun überredete Shankara seine Mutter, ihn das Mönchsgelübde ablegen zu lassen, und gab ihr das Versprechen, sie noch einmal vor ihrem Tod zu besuchen. Nachdem er für ihre Zukunft gesorgt hatte, ging er auf die Suche nach einem Lehrer.

Am Ufer des Flusses Narmada traf er Gaudapada, einen berühmten Philosophen und Seher, der die Erkenntnis der Wirklichkeit erlangt hatte. Shankara bat den Greis um Einweihung. Gaudapada aber verweigerte sie. Denn er hatte gelobt, in der Vereinigung mit Brahman zu verharren. Doch er sandte den Jüngling zu seinem bedeutendsten Schüler, Govindapada. Dieser gab ihm die Einweihung und unterwies ihn in Meditation und Yoga. In sehr kurzer Zeit erlangte Shankara die vollkommene mystische Verwirklichung und begann selbst zu lehren.

Eines Morgens, als er im Ganges baden wollte, traf er einen Chandala, der zu der untersten Kaste, den Unberührbaren, gehörte. Er hatte vier Hunde bei sich, die Shankara den Weg verstellten. Einen Augenblick lang meldete sich das angeborene Vorurteil der Kaste, und Shankara, der Brahmane, befahl dem Chandala, aus dem Weg zu gehen. Dieser aber antwortete: „Wenn es nur einen Gott gibt, wie kann es dann verschiedene Arten von Menschen geben? Wie kann dann ein Unterschied von Kaste oder Glauben bestehen?“

Shankara empfand Scham und Ehrfurcht. Er verneigte sich tief vor dem Chandala, und dieses Erlebnis gab ihm eines seiner schönsten Gedichte ein, *Manisha Panchaka*. Es besteht aus fünf Strophen, die mit dem Refrain enden:

Wer es vermag, das eine Sein in allem zu erblicken,
Der ist mein Meister – ob Brahmane oder Chandala.

Shankara begann unter den Gelehrten des Landes seine Lehren zu verkünden. Er bekehrte zuerst die Meister, dann ihre Schüler. Zu jenen Lehrern gehörte auch der berühmte Philosoph Mandan Misra, der das Leben eines Hausvaters viel höher achtete als das eines Mönches. Seine Meinung war weit verbreitet und geachtet in Indien. Shankara beschloss, mit ihm zu diskutieren, und ging zu seinem Haus. Doch er fand die Türen verschlossen. Misra wollte gerade eine religiöse Zeremonie abhalten und nicht gestört werden. Im Übermut seiner Jugend kletterte Shankara auf einen nahen Baum und sprang in den Hof. Misra bemerkte ihn unter der Menge, und da er dem Mönchstum – besonders in solch jugendlichem Alter – nicht zustimmte, fragte er in sarkastischem Ton: „Woher kommt dieser Kahlkopf?" Shankara war nicht um eine Antwort verlegen: „Ihr habt Augen, Herr, um zu sehen: Der Kahlkopf kommt vom Hals herauf."

Misra wurde ärgerlich; trotzdem fuhr Shankara fort, ihn zu necken. Zuletzt kamen beide überein, eine Debatte über die Vorteile des Lebens eines Mönches oder Hausvaters zu halten. Sollte Shankara verlieren, so war er bereit, Hausvater zu werden. Im anderen Fall sollte Misra das Mönchsgelübde ablegen. Der Wettstreit dauerte einige Tage. Bharati, die gelehrte Frau Misras, war Schiedsrichter. Am Ende gelang es Shankara, Misra von der Überlegenheit des Mönchslebens zu überzeugen, und dieser wurde sein Schüler. Er war es, der später Shankaras

Kommentare über die *Brahma-Sutras* mit Anmerkungen versah.

Shankara starb, erst 32 Jahre alt, in Kedarnath im Himalaja. Während seines kurzen Lebens hatte er viele Klöster errichtet und zehn Mönchsorden gegründet. Als erster hatte er das Mönchsleben in Indien organisiert, und seine Regeln gelten noch heute. Mehr Reformator als Erneuerer, lehrte er kein neues Dogma, keine neuen Glaubenssätze. Aber er gab dem geistigen Leben seiner Zeit einen neuen Auftrieb. Jeweils durch ein Jahrtausend voneinander getrennt, beherrschen, drei riesigen Berggipfeln gleich, Buddha, Shankara und Ramakrishna die religiöse Geschichte Indiens.

Shankara hinterließ ein bedeutendes literarisches Erbe. Er schrieb nicht nur Kommentare zu den *Ved-anta-Sutras,* zu den wesentlichsten *Upanishaden* und der *Bhagavad-Gita,* sondern verfasste auch zwei große philosophische Werke, *Upadesasahasra* und *Viveka-chudamani* (Das Kleinod der Unterscheidung). Auch verfasste er viele Gedichte, Hymnen, Gebete und kleinere Werke über den Vedanta.

Das „Kleinod der Unterscheidung" ist ganz in Versform geschrieben, vielleicht um dem Schüler das Auswendiglernen zu erleichtern. Doch es sind lange Zeilen mit schwierigem Versmaß. So wurde diese Form bei der Übersetzung nicht beibehalten. Shankaras Botschaft ist weit wichtiger als ihre literarische Gestaltung. Da klares Verständnis das Hauptanliegen dieser Wiedergabe ist, wurden, wenn nötig, auch Umschreibungen und Erläuterungen hinzugefügt. Trotzdem schließt sich die Übersetzung im Ganzen eng an das Original an.

Einführung

Die Philosophie des Nicht-Dualismus

Der geistige Gehalt der Philosophie Shankaras

„Brahman, das Absolute Sein, Absolute Erkenntnis und Absolute Seligkeit, ist wirklich. Das Weltall ist nicht wirklich. Brahman und Atman (des Menschen inneres Selbst) sind eins."

In diesen Worten fasst Shankara seine Philosophie zusammen. Was aber bedeutet diese Aussage? Was heißt „wirklich" und „nicht wirklich"? Shankara erkennt nur als „wirklich" an, was sich weder verändert noch aufhört zu sein. Mit dieser Feststellung folgt er den Lehren der *Upanishaden* und seines Vorgängers Gaudapa. Kein Ding, kein Wissen kann absolut wirklich sein, wenn es nur vorübergehend besteht. Absolute Wirklichkeit bedingt immerwährende Existenz. Betrachten wir unsere verschiedenen Erfahrungen während des Wachens und Träumens, so erkennen wir, dass Erfahrungen des Wachzustandes denen des Träumens widersprechen und umgekehrt. Beide Erfahrungen aber hören im traumlosen Schlaf auf. Mit anderen Worten: Jeder Gegenstand der äußeren oder inneren Erkenntnis – denn ein Gedanke, eine Idee ist ebenso Gegenstand der Erkenntnis wie die äußere Welt – ist der Veränderung unterworfen und deshalb nach Shankaras Definition „nicht wirklich".

Was aber ist die Wirklichkeit hinter allen unseren Erfahrungen? Nur eins verlässt uns nie: das innerste Bewusstsein. Dies allein ist das beständige Element aller Erfahrung. Es ist das wirkliche Selbst. Auch im traumlosen Schlaf ist das wirkliche Selbst als Zuschauer gegenwärtig, während der Ich-Gedanke, unsere Individualität, vorübergehend in Unwissenheit (Avidya) versinkt, und vergeht.

Die Vedanta-Philosophie nimmt eine zentrale Stellung zwischen Realismus und Idealismus ein. Westlicher Realismus und Idealismus sind auf der Unterscheidung zwischen Denken und Materie gegründet. Für die indische Philosophie aber gehören beide als Gegenstand der Erkenntnis in die gleiche Kategorie. Shankara ist trotzdem kein Vorläufer von Berkeley. Denn er behauptet nicht, dass die Welt nur deshalb unwirklich sei, weil ihre Existenz von unserer Wahrnehmung abhängig ist. Nach Shankara „ist" die Welt und zugleich „ist sie nicht".

Ihre fundamentale Unwirklichkeit kann nur in Beziehung zur höchsten mystischen Erfahrung verstanden werden, der Erfahrung einer erleuchteten Seele. Wenn ein so Erleuchteter in den Zustand des übersinnlichen Bewusstseins eingeht, erfährt er Atman als „Eines ohne ein Zweites". In diesem Bewusstseinsstand endet jede Wahrnehmung der Vielfalt. Es gibt kein „Mein" und „Dein" mehr. Die uns bisher bekannte Welt ist vergangen. Dann erstrahlt das Selbst als das Eine, als die Wahrheit, als *Brahman,* die Grundlage aller Welt-Erscheinung. Die Welt-Erfahrung unseres Wachzustandes ist nach Shankaras Worten dem Trugbild einer Schlange zu vergleichen, die bei näherer Betrachtung nichts anderes ist als ein zusammengerolltes Seil. Wenn die Wahrheit erkannt ist, dann werden wir nicht mehr von der Erscheinung getäuscht. Die Erscheinung der

Schlange verschwindet in der Wirklichkeit des Seils, die Welt verschwindet in Brahman.

Andere Systeme der Hindu-Philosophie – *Sankhya, Yoga oder Nyaya* – behaupten, die Welt der Erscheinungen besitze eine objektive Wirklichkeit, wenn diese auch den Augen der erleuchteten Seele nicht mehr sichtbar sei. In diesem wichtigen Punkt aber stimmt der *Advaita*-Vedanta nicht mit ihnen überein: Er leugnet die letzte Wirklichkeit der Welt von Denken und Materie. Denken und Materie, sowohl wie endliche Gegenstände und ihre Beziehungen, sind eine Missdeutung des Brahman – nichts anderes. So lehrt Shankara.

Das Wesen der Welt-Erscheinung

Wenn Shankara behauptet, dass die Welt des Denkens und der Materie nicht wirklich sei, so spricht er ihr damit nicht ihr Bestehen ab. Die Welt-Erscheinung ist und ist nicht. Im Zustand der Unwissenheit (dem Zustand unseres alltäglichen Bewusstseins) wird diese Welt erfahren und ist so wie sie erscheint. Im Zustand der Erleuchtung wird sie nicht mehr erfahren und hört somit auf, zu existieren.

Shankara betrachtet keine Erfahrung, solange sie erfahrbar ist, als nichtexistent. Aber er unterscheidet ganz natürlich zwischen den persönlichen trügerischen Erfahrungen des Einzelnen und der allgemeinen oder Welt-Täuschung. Die erstere nennt er *Pratibhasika* (Einbildung), die letztere *Vyavaharika* (Erscheinung). Zum Beispiel: Eines Menschen Träume sind seine persönlichen Einbildungen; wenn er aufwacht, vergehen sie. Die allgemeine Illusion – die Täuschung der Welt-Erscheinungen – aber bleibt während des ganzen Wachbewusstseins eines Menschen bestehen, solange er nicht der Wahrheit durch die Erkenntnis des *Brahman* inne wird. Shankara zieht noch einen zweiten Trennungsstrich: Er unterscheidet zwischen diesen beiden Arten von Täuschung und jenen völlig unwirklichen, nur eingebildeten Ideen, die eine vollkommene Unmöglichkeit oder einen ganz klaren Widerspruch im Ausdruck bedeuten, wie etwa der Sohn einer unfruchtbaren Frau.

Hier stehen wir vor einem Paradox. Die Welt ist und ist nicht. Sie ist weder wirklich noch nicht-existent. Und dennoch ist dieses scheinbare Paradox die Feststellung einer Tatsache, die Shankara Maya nennt. Diese Welt-Erscheinung, *Maya,* hat ihren Grund in *Brahman,* dem Ewigen. Der Begriff *Maya* bezieht sich nur auf die Welt der Erscheinungen, die nach Shankara aus Namen und Formen besteht. Sie ist nicht ohne Existenz und unterscheidet sich doch von der Wirklichkeit, *Brahman,* von dem ihre Existenz abhängt. Sie ist nicht wirklich, da sie im Licht der Erkenntnis ihrer ewigen Grundlage verlöscht. Die Welt-Erscheinung ist *Maya;* das Selbst, der *Atman* allein ist wirklich.

Überdeckung oder Maya

Das schwerste aller philosophischen Probleme ist die Beziehung zwischen dem Endlichen und dem Unendlichen, das Problem, wie diese endliche Welt ins Dasein trat. Glauben wir, dass das Endliche eine eigene absolute Wirklichkeit besitzt, dass es aus dem Unendlichen hervorging und eine tatsächliche Umformung des Unendlichen ist, oder betrachten wir das Unendliche als eine überweltliche erste Ursache der Welt der Erscheinungen (die Einstellung der meisten christlichen Theologen), dann müssen wir zugestehen, dass das Unendliche nicht mehr unendlich ist. Ein Gott, der sich in das sichtbare Weltall verwandelt, ist selbst der Verwandlung und Veränderung unterworfen und kann nicht mehr als die absolute Wirklichkeit angesehen werden. Ein Gott, der eine Welt schafft, begrenzt sich durch den Akt der Schöpfung selbst und hört somit auf, unendlich zu sein. Die Frage: „Warum wird Gott überhaupt zum Schöpfer?" bleibt unbeantwortet.

Diese Schwierigkeit wird überwunden, wenn wir die Welt als *Maya* betrachten. Auch stimmt diese Erklärung unseres Weltalls vollkommen überein mit den Entdeckungen der modernen Wissenschaft, die folgendermaßen zusammengefasst werden können:

„Eine Seifenblase mit unregelmäßiger und wellenförmiger Oberfläche ist vielleicht das beste Beispiel für das neue, von der Relativitätstheorie entdeckte Weltall. Das Weltall ist nicht das Innen der Seifenblase, sondern die Oberfläche, und die Substanz, aus der diese Blase entstand, das Seifenhäutchen, ist leerer Raum in leere Zeit geblasen." (James Jeans)

Nur wenn wir das Wesen des Weltalls als *Maya* erkennen – weder als absolut wirklich noch als absolut nichtseiend –, erfahren wir, wie die sichtbare Oberfläche der Seifenblase die ewige Gegenwart des Absoluten gewährleistet.

Die *Upanishaden* allerdings scheinen *Brahman* für die erste Ursache des Weltalls zu halten, sowohl für Stoff als auch für Schöpfer. Nach ihrer Aussage geht das Weltall aus dem absoluten *Brahman* hervor, wird von ihm erhalten und geht endlich wieder in es ein. Niemals widerspricht Shankara unmittelbar den *Upanishaden,* aber er erklärt ihre Behauptungen auf eine andere Weise. Nach seiner Ansicht ist das Weltall eine Überdeckung[1] von *Brahman; Brahman* bleibt ewig unendlich und unverändert. *Brahman* wird nicht in dieses Weltall verwandelt. Es erscheint uns nur in unserer Unwissenheit als dieses Weltall. Wir legen die sichtbare Welt über *Brahman,* so wie wir manchmal eine Schlange über ein zusammengerolltes Seil legen.

Diese Theorie der Überdeckung *(Vivartavada)* ist untrennbar mit der Theorie der Kausalität verbunden. Kausale Beziehungen herrschen in der Welt der Vielfalt, die *Maya* ist. Innerhalb von *Maya* kann der Geist nicht ohne kausalen Zusammenhang wirken. Es ist aber einfach widersinnig, im Bezug zum Absoluten von Ursache und Wirkung zu sprechen. Sucht man die Ursache für die Welt, dann übersteigt man die Welt. Sucht man die Ursache von Maya, dann durchdringt man *Maya* – und wenn dies geschieht, löst sich *Maya* auf, denn ihre Wirkung endet. Wie kann dann noch die Ursache einer nicht bestehenden Wirkung übrigbleiben? Mit anderen Worten: Die Beziehung zwischen *Brahman* und *Maya* ist ihrer eigenen Natur nach durch keinen menschlichen Denkprozess zu erkennen oder zu bestimmen.

Maya: Tatsache und Prinzip

Nach Shankara überdeckt die Welt des Denkens und der Materie, die nur ein relatives Sein, ein Dasein der Erscheinung besitzt, *Brahman,* die einzige absolute Wirklichkeit. Solange wir in Unwissenheit verharren (das heißt solange wir nicht das übersinnliche Bewusstsein erlangt haben), erfahren wir weiter diese sichtbare Welt, die aus dieser Überdeckung stammt. Wenn man das übersinnliche Bewusstsein erlangt hat, schwindet die Überlagerung.

Was ist die Natur dieser Überdeckung? In der Einleitung zu seinem Kommentar über die *Brahma-Sutras* bezeichnet

Shankara diese Überdeckung als „eine Vorstellung, auf vergangene Beobachtung gegründet, die das Gedächtnis dem Bewusstsein vorspiegelt". Wir sehen eine Schlange und behalten ihr Bild in unserem Gedächtnis. Am nächsten Tag sehen wir ein zusammengerolltes Seil. Wir legen die Vorstellung der im Gedächtnis bewahrten Schlange auf dieses Seil und missverstehen damit sein Wesen.

Shankara nimmt einen Einwand gegen diese Lehre voraus und widerlegt ihn. Man könnte sagen, *Brahman* sei kein Gegenstand der Wahrnehmung. Wie könnte aber die Vorstellung einer Schlange ein Seil überdecken, wenn von diesem Seil gar keine Vorstellung besteht? Wie können wir die Welt-Erscheinung über eine Wirklichkeit decken, die unseren Sinnen gar nicht erkennbar ist? „Denn man kann nur solche Gegenstände durch andere überdecken, von denen man eine Vorstellung hat, das heißt nur Gegenstände, die den Sinnesorganen erkennbar sind." Hierauf gibt Shankara folgende Antwort: „*Brahman* ist nicht gegenstandslos in einem absoluten Sinn, da Es der Gegenstand des Ich-Gedankens ist. Wir wissen durch Intuition sehr wohl, dass das innere Selbst existieren muss, da der Ich-Gedanke eine Darstellung des Selbst ist. Auch ist es keine unbedingte Regel, dass irrige Vorstellungen nur solche Gegenstände überdecken können, die wir vor uns haben. In unserer Unwissenheit sehen wir den Himmel in blauer Farbe, obgleich der Himmel keineswegs ein Gegenstand der Sinneswahrnehmung ist."

Diese Behauptung bedarf noch weiterer Erklärung. Wenn auch *Brahman* niemals unserer alltäglichen Sinneswahrnehmung erkennbar ist, so besteht doch eine Möglichkeit, die Wirklichkeit, das innere Selbst, zu erfahren. *Brahman* ist, wie man uns sagt, Absolutes Sein, Absolute Erkenntnis und Absolute Seligkeit *(Sat, Chit, Ananda).*

Nur im übersinnlichen Bewusstsein können wir dies ganz erfahren. Und doch ist ein Teil *Brahmans* auch in unserem normalen Bewusstsein erkennbar. Denn *Brahman* ist Sein, und wir alle wissen, dass wir existieren. In diesem Sinn hat jeder von uns eine intuitive Kenntnis des inneren Selbst (des *Atman* oder *Brahman* im Geschöpf). Das innere Selbst, die Wirklichkeit aber, ist niemals Gegenstand einer Sinneswahrnehmung, denn wir überdecken die Erfahrung unseres wirklichen Seins in unserer Unwissenheit mit dem Begriff einer isolierten Persönlichkeit von Herrn Schmidt oder Frau Meier. Wir sind unfähig zu verstehen, dass *Sein* nicht unser Privatbesitz, sondern allgemein und absolut ist. Das innere Selbst ist darum in unserem normalen Bewusstsein als Objekt des „Ich-Gedankens" gegenwärtig – eine wörtliche Übersetzung von Shankaras Worten. Das Auflegen des Ich-Gedankens auf das *Sein* ist unsere erste und wichtigste Handlung im menschlichen Körper. In dem Augenblick, in dem wir diesen zentralen Akt der Überdeckung vollzogen haben, indem wir sagen: Ich bin ich, ich bin ein persönliches, gesondertes, eigenes Wesen, haben wir gleichsam eine Kettenreaktion eingeleitet, die weitere Überdeckungen unvermeidlich macht. Der Anspruch auf gesonderte Existenz für uns selbst bringt die Annahme von Sonder-Existenzen überall mit sich. Automatisch deckt er eine vielfältige Welt von Geschöpfen und Gegenständen über die eine, ungeteilte Wirklichkeit des Seins, das *Brahman* ist. Ich-Gedanke und Welt-Erscheinung hängen voneinander ab. Vergeht der Ich-Gedanke im übersinnlichen Bewusstsein, dann muss notwendigerweise auch die Erscheinung der Welt sich auflösen. Wann aber und auf welche Weise trat diese Überdeckung ein? Bei unserer Geburt oder schon in einem früheren Leben? Gab es einen geschichtlichen Augenblick, Adams Sündenfall entsprechend, in dem die Welt der Erscheinungen als Ergebnis des Ich-Gedankens entstand? Die Vergeblichkeit solcher Fragen ist offensichtlich. Wir drehen uns auf der Stelle. Was ist diese Welt-Erscheinung? *Maya.* Was ist ihre Ursache? Unsere Unwissenheit. Was ist diese Unwissenheit? Wieder *Maya.* Wenn es immer eine unveränderliche Wirklichkeit gab, gibt und geben wird, wie können wir dann annehmen, *Maya* sei zu irgendeinem geschichtlichen Zeitpunkt entstanden? Diese Annahme ist unmöglich.

So müssen wir mit Shankara folgerichtig den Schluss ziehen, dass *Maya* ebenso wie *Brahman* ohne Anfang ist. Unwissenheit als Ursache und Welt-Erscheinung als deren Wirkung haben immer bestanden und werden immer bestehen. Sie sind wie Samen und Baum. „Die Verquickung von Wirklichem und Unwirklichem", durch unsere Unwissenheit entstanden, ist ein allgemeiner Vorgang unseres täglichen Lebens. So sagt Shankara: „Es ist offensichtlich und bedarf keines Beweises, dass das Objekt, das Nicht-Ich, und das Subjekt, der Ich-Gedanke, der das Selbst verhüllt, einander entgegengesetzt sind wie Licht und Finsternis und nicht miteinander identifiziert werden können. Noch weniger können ihre gegenseitigen Eigenschaften gleichgesetzt werden ... Dennoch ist es dem Menschen (aufgrund seiner fehlerhaften Kenntnis) natürlich, dass er zwischen diesen beiden völlig verschiedenen Wesenheiten und ihren besonderen Eigenschaften nicht unterscheiden kann. Er überdeckt eines mit der Natur und den Eigenschaften des anderen, verbindet somit das Wirkliche mit Unwirklichem, und sagt: ‚Ich bin dies' oder ‚dies ist mein'."

Shankara spricht hier von zwei Stufen im Vorgang der Überdeckung. Zuerst wird der Ich-Gedanke über das innere Selbst, die Seins-Wirklichkeit gelegt. Dann identifiziert sich der Ich-Gedanke, indem er sich gleichsam nach außen entfaltet, mit dem Körper und den mentalen wie körperlichen Eigenschaften und Handlungen.

Wir sagen ganz natürlich: „Ich bin dick", „ich bin müde", „ich gehe", „ich setze mich" – ohne nur einen Augenblick darüber nachzudenken, wer dieses „Ich" in Wirklichkeit ist. Wir gehen noch weiter. Wir beanspruchen rein äußere Gegenstände und Bedingungen als unser Eigentum. Wir sagen: „Ich bin Republikaner" oder „Das ist mein Haus". Je mehr Überdeckungen entstehen, um so erstaunlichere Behauptungen werden möglich und natürlich. – So heißt es: „Wir haben gestern drei Unterseeboote versenkt." Oder: „Ich bin hoch versichert." Wir identifizieren unser Ich mehr oder weniger mit allem, was es auf der Welt gibt. Während sich dies abspielt, steht das innere Selbst als völlig unbeteiligter Zuschauer über diesen Possen. Und doch ermöglicht dieses innere Selbst sie alle, da es dem Menschen jenes Bewusstsein verleiht, ohne das *Maya* nicht bestehen könnte.

Dass *Maya* ohne Anfang ist, erweist sich, wenn wir noch einmal für einen Augenblick zu Schlange und Seil zurückkehren. Diese Überdeckung ist nur möglich, wenn wir uns an das Aussehen der Schlange erinnern. Ein Kind, das niemals eine Schlange gesehen hat, kann diese Überdeckung nicht vollziehen. Wie aber ist es dann möglich, dass das Neugeborene die Vorstellung „Schlange", das heißt Welt-Erscheinung, über das „Seil", *Brahman,* deckt? Wir können diese Frage nur beantworten, wenn wir eine universale „Schlangen-Erinnerung" voraussetzen, die allen Menschen gemeinsam ist und seit anfanglosen Zeiten besteht. Diese „Schlangen-Erinnerung" ist *Maya.*

Maya – so behauptet Shankara – ist nicht nur universal, sondern auch ohne Anfang und Ende. Dennoch muss unterschieden werden zwischen *Maya,* dem universalen Prinzip, und persönlicher Unwissenheit, *Avidya.* Persönliche Unwissenheit ist zwar ohne Anfang, kann aber in jedem Augenblick enden. Sie vergeht, sobald der Mensch Erleuchtung erlangt hat. So kann die Welt aus dem Bewusstsein eines Menschen schwinden und dennoch für die anderen bestehen bleiben. Durch diese Ansicht unterscheidet sich Shankaras Philosophie wesentlich von dem subjektiven Idealismus des Westens.

Brahman und Ishvara

In einem gewissen Sinn ist *Brahman* die Grundursache des Weltalls, da durch das Wirken *Mayas,* der Welt-Erscheinung, *Brahman* überdeckt wird. *Brahman* ist die Ursache, *Maya* die Wirkung.

Man kann aber nicht sagen, *Brahman* habe sich selbst in die Welt verwandelt oder sie erschaffen, da absolute Wirklichkeit, schon dem Wortbegriff nach, einer vorübergehenden Handlung oder Verwandlung nicht fähig ist. So muss ein anderer Name – *Ishvara* – eingeführt werden, der das Prinzip der Schöpfung ausdrückt. *Ishvara* ist *Brahman* mit *Maya* vereint, die Verbindung von *Brahman* und seiner Fähigkeit, die Welt ohne Beginn und Ende zu erschaffen, zu erhalten und wieder aufzulösen. *Ishvara* ist der personifizierte Gott, der Gott mit Eigenschaften.

Nach der *Sankhya*-Philosophie ist das Weltall eine Entfaltung von *Prakriti,* der undifferenzierten Materie, die aus drei Kräften, den *Gunas* besteht. Schöpfung ist eine Störung im Gleichgewicht dieser drei Kräfte. Die *Gunas* treten in eine unermessliche Vielfalt von Verbindungen ein – ähnlich der westlichen Lehre von der Atomstruktur.

Diese Verbindungen sind individuelle Elemente, Gegenstände und Geschöpfe. Der Begriff der *Prakriti* entspricht mehr oder weniger Shankaras Vorstellung von *Maya.* Nur besteht der eine wesentliche Unterschied: *Prakriti* wird als unterschieden und unabhängig von *Purusha,* der absoluten Wirklichkeit, betrachtet, während *Maya* keine absolute Wirklichkeit besitzt, sondern von *Brahman* abhängig ist. So kann eher *Ishvara* als *Prakriti* für die letzte Ursache des Weltalls gelten. Gibt es hiernach zwei Gottheiten – das unpersönliche *Brahman* und den persönlichen *Ishvara?* Nein, denn *Brahman* erscheint als *Ishvara* nur vom Gesichtspunkt der relativen Unwissenheit *Maya* aus. Er hat den gleichen Grad von Wirklichkeit wie *Maya.* Gott, die Person, ist nicht das innere Wesen *Brahmans.* Mit den Worten Vivekanandas ausgedrückt: „Der persönliche Gott ist der vom menschlichen Verstand umschriebene unpersönliche Gott."

Shri Ramakrishna, der unaufhörlich in dem Bewusstsein des absoluten *Brahman* lebte, gab folgende Erläuterung: „*Brahman* kann mit einem unendlichen Meer ohne Anfang und Ende verglichen werden. So wie äußerste Kälte einige Teile des Meeres zu Eis gefrieren lässt und dem gestaltlosen Wasser scheinbare Gestalt gibt, so scheint *Brahman* durch die tiefe Liebe des Andächtigen Gestalt und Persönlichkeit zu gewinnen. Die Form aber löst sich wieder auf, wenn die Sonne der Erkenntnis ausgeht. Dann schwindet auch das Weltall und nichts ist mehr sichtbar als *Brahman,* das Unendliche."

Obgleich *Ishvara* in gewissem Sinn eine Person ist, so müssen wir uns doch hüten, ihn als ähnlich oder identisch mit *Jiva,* der individuellen menschlichen Seele zu betrachten. *Ishvara* ist ebenso wie *Jiva* die Verbindung von *Brahman* mit *Maya,* nur mit dem grundlegenden Unterschied, dass *Ishvara* der Herr und Lenker von *Maya, Jiva* aber *Mayas* Diener und Spielzeug ist. So können wir ohne Widerspruch behaupten, dass wir zugleich Gott und Diener Gottes sind. In unserem absoluten Wesen sind wir eins mit *Brahman,* in unserer relativen Natur sind wir von *Ishvara* unterschieden und ihm untertan.

Die Verehrung *Ishvaras,* des persönlichen Gottes, mag einen Menschen sehr weit führen auf dem Pfad der Spiritualität. Sie kann ihn zum Heiligen machen. Dies aber ist nicht die höchste Erkenntnis. Vollkommene Erleuchtung überschreitet *Ishvara,* ist Erkenntnis der unpersönlichen Wirklichkeit jenseits der persönlichen göttlichen Erscheinung. Wir können *Brahman* werden, da *Brahman* immer in uns gegenwärtig ist. Wir können aber niemals *Ishvara* werden, da dieser jenseits unserer menschlichen Persönlichkeit und von ihr unterschieden ist. Hieraus folgt, dass wir niemals Herr des Weltalls werden können. Denn dieses ist *Ishvaras* Funktion. Der Wunsch, *Ishvaras* Macht an sich zu reißen, ist der äußerste Wahnsinn des Ichs, symbolisiert in der christlichen Legende vom Sturz Luzifers.

Vyasa, der Autor der *Brahma*-Sutras, spricht das gleiche aus, wenn er behauptet, dass niemand die Fähigkeit erlangen kann, das Weltall zu erschaffen, zu beherrschen oder aufzulösen. Denn diese Macht gehört allein *Ishvara.* Shankara behandelt dieses Problem in seinem Kommentar: „Wenn ein Mensch durch Verehrung des *Brahman* mit Eigenschaften, *Ishvara,* Kenntnis des höchsten Herrschers erlangt, während er noch sein persönliches Bewusstsein bewahrt, ist seine Macht dann begrenzt oder grenzenlos? Manche werden behaupten, diese Macht sei ohne Grenzen und werden Stellen aus den Schriften anführen, in denen von jenen gesprochen wird, die Kenntnis von *Ishvara* besitzen: ‚Sie erlangen ihr eigenes Königreich ... Sie werden von allen Göttern verehrt ... Ihre Wünsche werden in allen Welten erfüllt.' Vyasa aber beantwortet die Frage, indem er diesen Stellen hinzufügt: ‚... ohne die Macht, das Weltall zu beherrschen.' Alle anderen Fähigkeiten *Ishvaras* kann der Befreite erlangen. Diese aber gehört *Ishvara* allein. Woher wissen wir solches? Weil sich auf ihn die Schriften über die Schöpfung beziehen. Sie sprechen nirgends von den befreiten Seelen, sondern nur von *Ishvara,* dem ‚Immer-Vollendeten'. Die Schriften sagen auch, dass die Befreiten durch Verehrung und Suche nach Gott ihre Kräfte erlangen. Darum ist ihr Platz nicht unter den Herrschern des Weltalls. Auch behalten die befreiten Seelen noch ihr persönliches Bewusstsein, sodass die Möglichkeit bestände, dass sie Unterschiedliches wollen, dass die eine Schöpfung, die andere aber Zerstörung verlangt. Der einzige Weg, diesen Konflikt zu vermeiden, ist die Unterwerfung aller Wünsche unter einen Willen. Hieraus muss geschlossen werden, dass die Wünsche des Befreiten abhängig sind vom Willen des höchsten Herrschers."

Wenn es aber nur ein Bewusstsein, ein *Brahman* gibt, wer ist dann der Schauende und wer der Geschaute? Wer sieht dann *Brahman* als *Ishvara,* und wer ist *Jiva?* Sind diese voneinander unterschieden oder eines? Solange der Mensch in den Begrenzungen der Maya steht, wird das Eine als Vielfalt geschaut. Die Unwissenheit kann nicht mehr tun als die Erscheinung zu verehren, und *Ishvara* ist der Herr aller Erscheinungen – die höchste Idee, die das menschliche Denken erfassen, die das menschliche Herz lieben kann. Das menschliche Denken kann niemals die absolute Wirklichkeit begreifen. Es kann nur ihre Gegenwart voraussetzen und die Projektion ihres Bildes verehren. Durch diese Verehrung wird es gereinigt, löst sich der

Ich-Gedanke wie Nebel auf und die Überdeckung endet. Sowohl *Ishvara* wie die Welt-Erscheinung schwinden im Glanz des übersinnlichen Bewusstseins, wenn es nicht mehr Schauende noch Geschautes, sondern nur noch *Brahman* gibt, die einzige, alles umfassende, zeitlose Gegebenheit.

Das Problem des Bösen

Jede Religion, jedes philosophische System muss sich mit dem Problem des Bösen auseinandersetzen. Unglücklicherweise ist dies ein Problem, das gewöhnlich lieber durch Erklärungen beseitigt als geklärt wird. Warum, so fragt man, lässt Gott das Böse zu, wenn Er selbst die All-Güte ist? Das religiöse Denken des Westens gibt meist eine von zwei Antworten. Es behauptet entweder, das Böse sei eine Art der Erziehung und Strafe. Gott strafe uns für unsere Sünden, indem Er uns durch Krieg, Hungersnot, Erdbeben, Unglück und Krankheit heimsucht. Durch unmittelbare göttliche oder vom Teufel bewirkte Versuchungen prüfe und kräftige Er die Tugend des Guten. Diese Antwort gibt das Alte Testament. Sie wirkt auf viele Menschen abschreckend und ist heute nicht mehr populär, obwohl sie, wie wir gleich sehen werden, nach der Philosophie des Vedanta, einen gewissen Grad von Wahrheit enthält. Die andere – heute allgemeinere – Antwort behauptet, das Böse existiere überhaupt nicht. Betrachten wir das Leben *sub specie aeternitatis,* so erkennen wir, dass das Böse keine Wirklichkeit besitzt, dass es nur ein Missverständnis des Guten ist. Die Philosophie des Vedanta lehnt beide Antworten ab. Die letztere noch grundsätzlicher als die erste. Wie sollte, fragt sie, das Böse in Gutes verwandelt werden, nur weil es auf andere Weise betrachtet wird? Leid und Unglück mögen leichter ertragen werden, wenn wir unsere Gedanken auf Gott richten, aber trotzdem sind sie wirkliche Erfahrungen, auch wenn ihre Dauer nur begrenzt ist. Der Vedanta stimmt zu, dass das Böse im absoluten Sinn nicht wirklich ist. Aber er fügt hinzu, dass von diesem Standpunkt aus auch das Gute unwirklich sei. Die absolute Wirklichkeit liegt jenseits von Gut und Böse, von Freude und Schmerz, Erfolg und Unheil. Beides, Gutes wie Böses sind Erscheinungen der *Maya.* Solange diese besteht, existieren auch gut und böse. Innerhalb von *Maya* lassen sie sich nicht wegleugnen.

Die Frage, warum Gott das Böse zulässt, ist irreführend formuliert. Sie ist ebenso widersinnig wie die Frage, warum Gott das Gute zulässt. Niemand würde heute fragen, warum der Regen eine Überschwemmungskatastrophe „zulässt". Niemand würde das Feuer tadeln oder loben, weil es einem Menschen das Haus zerstört, einem anderen sein Essen kocht. Es kann auch nicht in irgendeinem persönlichen Sinn vom Gutsein *Brahmans* gesprochen werden. *Brahman* ist nicht „gut" im Sinn wie Christus „gut" war. Denn Christi Gutsein bestand innerhalb von *Maya.* Sein Leben war Ausdruck des Lichtes der Wirklichkeit im Abglanz der relativen Welt. Die Wirklichkeit selbst ist jenseits aller, selbst der edelsten Erscheinungen. Sie ist jenseits von Reinheit, Schönheit, Freude, von Ruhm und Erfolg. Sie kann nur mit „gut" bezeichnet werden, wenn wir damit aussagen wollen, dass Absolutes Bewusstsein Absolute Erkenntnis und Absolute Erkenntnis Absolute Freude ist.

Vielleicht hat aber diese Frage überhaupt keinen Bezug auf *Brahman.* Vielleicht ist in diesem Zusammenhang „Gott" als *Ishvara,* der Herr der *Maya,* gemeint. Wird dies vorausgesetzt, kann dann die Vedanta-Philosophie dem Alten Testament zustimmen, dass Gott ein Gesetzgeber, ein strenger, zuweilen unberechenbarer Vater ist, dessen Wege nicht die unseren sind, dessen Strafen und Belohnungen oft unverdient erscheinen und der es zulässt, dass wir in Versuchung fallen? Die Antwort ist Ja und Nein. Die Vedanta-Lehre vom *Karma* ist die Lehre von einer absoluten automatischen Gerechtigkeit. Die Bedingungen unseres Lebens, unsere Schmerzen und Freuden sind Ergebnis unserer vergangenen, seit anfangloser Zeit in dieser und in zahllosen früheren Daseinsformen begangenen Handlungen. Von einem relativen Standpunkt aus gesehen, ist *Maya* vollkommen erbarmungslos. Wir ernten genau, was wir säen, nicht weniger und nicht mehr. Wenn wir gegen eine scheinbare Ungerechtigkeit aufschreien, so ist es, weil die Handlung, die sie hervorrief, in den Tiefen der Vergangenheit begraben, unserem Gedächtnis entschwunden ist. Zum Bettler, König, Athleten oder hilflosen Krüppel geboren sein, ist nur die zusammengefasste Folge der Taten unserer früheren Leben. Wir können niemand anderes als uns selbst dafür verantwortlich machen. Sinnlos ist der Versuch, mit *Ishvara* zu handeln, Ihn zu versöhnen oder Ihm unsere Sorgen vorzuwerfen, zwecklos, einen Teufel als Alibi für unsere Schwachheit zu erfinden. *Maya* ist, was wir aus ihr machen – und *Ishvara* repräsentiert nur diese harte und ernste Tatsache.

Von einem relativen Standpunkt aus betrachtet, ist diese Welt der Erscheinung ein dunkler Ort, der uns oft zur Verzweiflung bringt. Die Seher *(Rishis)* aber, in ihrer tieferen Einsicht, sagen etwas anderes aus: Sobald wir, wenn auch nur dämmernd, des *Atman,* der Wirklichkeit in uns, bewusst werden, gewinnt die Welt einen ganz anderen Aspekt. Sie ist dann nicht mehr ein Gerichtshof, sondern eine Turnhalle. Gutes und Böses, Leid und Freude bestehen weiter, aber sie gleichen mehr Tauen, Sprungpferden, Barren, an denen sich unsere Körper stählen können. *Maya* ist dann nicht mehr ein endlos kreisendes Rad von Leid und Freude, sondern eine Leiter, die bis zum Bewusstsein der Wirklichkeit erklommen werden kann. Von diesem Gesichtspunkt aus sind Glück und Unglück Gnaden, das will sagen, Gelegenheiten zur Entwicklung. Jede Erfahrung gibt uns die Möglichkeit, mit einer konstruktiven Reaktion zu antworten, die uns hilft, einige Glieder unserer Verkettung an *Maya* zu zerreißen und uns dadurch der geistigen Freiheit näherzubringen. So unterscheidet Shankara zwischen zwei Arten von *Maya* – zwischen *Avidya,* dem Bösen, der Unwissenheit, und *Vidya,* dem Guten. *Avidya* drängt uns immer weiter vom Selbst fort, zerstört und verhüllt unsere Erkenntnis der Wahrheit. *Vidya* führt uns immer näher zum wahren Selbst und zerreißt den Schleier der Unwissenheit. *Vidya* und *Avidya* aber werden überstiegen, wenn wir jenseits von *Maya* in das Bewusstsein der absoluten Wirklichkeit eingehen.

Wie schon gesagt, besteht das Prinzip der *Maya* im Überdenken des *Atman,* des wirklichen Selbst durch die Ich-Vorstellung. Diese bedeutet den falschen Anspruch auf Individualität, auf Unterscheidung von unserem Nächsten. Hieraus ergibt sich, dass jede Handlung, die diesem Anspruch widerspricht, eine Stufe zurück zur wahren Erkenntnis, zum Bewusstsein der inneren Wirklichkeit ist. Wenn wir unsere Gemeinschaft mit den Mitmenschen erkennen, wenn wir versuchen, ehrlich, wahrhaftig, hilfreich ihnen gegenüber zu sein, wenn wir uns auf politischem wie wirtschaftlichem Gebiet um gleiche Rechte und Gerechtigkeit und um die Abschaffung der Schranken von Rasse, Klasse und Religion bemühen, dann strafen wir tatsächlich den Ich-Gedanken Lügen und schreiten voraus auf dem Weg zur Wahrnehmung des universalen, nicht individuellen Seins. Alle solche Handlungen und Impulse gehören zu dem sogenannten ethischen Gutsein, ebenso wie alle selbstsüchtigen Beweggründe und Handlungen dem ethisch Bösen zugehören. In diesem und nur in diesem Sinn kann Gutsein für „wirklicher" oder wertvoller gehalten werden als das Böse – da böse Handlungen und Taten uns tiefer in *Maya* verstricken, gute Gedanken und Taten aber über *Maya* hinaus zum Bewusstsein der Wirklichkeit führen.

Die Worte „Sünde" und „Tugend" sind dem Geist der Vedanta-Philosophie fremd. Denn sie nähren natürlicherweise den Sinn für Besitz im Hinblick auf Gedanken und Handlung. Sage ich, ich sei gut oder böse, so spreche ich die Sprache der *Maya.* Die einzige wirkliche Behauptung, die jeder von uns aufstellen kann, ist: „Ich bin Brahman". Der heilige Franz von Sales schrieb, dass selbst unsere Buße friedvoll sein sollte. Damit meint er, dass übertriebene Reue ebenso wie übermäßiges Selbstlob uns nur noch enger an den Ich-Gedanken, die Lüge der *Maya* binden. Wir dürfen niemals vergessen, dass ethisches Betragen nur ein Mittel, nicht Ziel in sich selbst bedeutet. Die Erkenntnis der unpersönlichen Wirklichkeit ist die einzig wertvolle Erkenntnis. Von dieser abgesehen ist auch unsere tiefste Einsicht nur dunkle Unwissenheit, unsere strengste Rechtmäßigkeit nur eitel.

Das höchste Ziel

Man mag einwenden, dass die Vedanta-Philosophie wie jedes andere System religiösen Denkens auf einer zentralen Hypothese aufgebaut ist. Gewiss: Das höchste Ziel des Lebens ist die Erkenntnis *Brahmans – wenn Brahman* existiert. Doch können wir dessen sicher sein? Wäre es nicht möglich, dass dem Weltall überhaupt keine Wirklichkeit zugrunde liegt? Könnte das Leben nicht nur ein sinnloses Fließen sein, ein immerwährender Wechsel von Vergehen und Entstehen?

Das Anziehende der Vedanta-Philosophie ist ihre undogmatische experimentelle Forschungsmethode. Shankara verlangt nicht von uns, dass wir vor Beginn des geistigen Lebens das Dasein *Brahmans* als Dogma anerkennen. Er lädt uns nur ein, selbst zu experimentieren.

Niemand, weder Lehrer noch heilige Schriften, können uns diese Arbeit abnehmen. Sie ermuntern nur – und dies kann sehr eindringlich sein – die persönliche Anstrengung. Stell dir vor, dies sei ein Gerichtsverfahren und du wärest der Richter. Versuche unparteiisch die Zeugen beider Seiten anzuhören. Betrachte die Zeugen für *Brahman,* die Seher und Heiligen, die den Anspruch erheben, die ewige Wirklichkeit zu kennen. Betrachte ihre Persönlichkeit, ihre Worte, die Umstände ihres Lebens. Frage dich, ob diese Menschen Lügner, Heuchler oder Wahnsinnige sind oder ob sie die Wahrheit sagen. Vergleiche die heiligen Schriften der Welt und frage dich, ob sie sich widersprechen oder miteinander übereinstimmen. Dann sprich dein Urteil.

Doch bloße Zustimmung genügt nicht, wie Shankara betont. Sie ist der erste Schritt nur auf dem Weg zur eigenen Teilnahme an der Suche. Unmittelbare persönliche Erfahrung ist der einzige befriedigende Beweis vom Dasein *Brahmans,* und jeder muss diese Erfahrung selbst machen.

Die moderne Wissenschaft nähert sich mehr und mehr der Bestätigung des Vedanta-Weltbildes. Sie gibt zu, dass Bewusstsein in verschiedenen Graden überall vorhanden sein kann. Die Unterschiede zwischen Gegenständen und

Geschöpfen sind nur oberflächlicher Art, Variationen in den Atom-Verbindungen. Elemente können in andere Elemente verwandelt werden. Identität ist nur vorübergehend. Die Wissenschaft nimmt noch nicht den Begriff einer absoluten Wirklichkeit an, schließt ihn aber bei weitem nicht aus. Shankara wusste nichts von einer modernen Wissenschaft, aber sein Vorgehen ist im Grund wissenschaftlich. Es beruht auf der Übung in Unterscheidung – einer Unterscheidung, die auf uns selbst, auf jede unserer Erfahrungen in jedem Augenblick unseres Lebens angewendet werden kann. Immer wieder und wieder müssen wir uns fragen – tausendmal am Tag: „Ist dies wirklich oder unwirklich, Tatsache oder Phantasie, Wesen oder nur Erscheinung?" Durch diese Unterscheidungen dringen wir tiefer und tiefer in die Wahrheit ein.

Wir alle wissen, dass wir existieren, und sind unseres Bewusstseins gewahr. Aber kennen wir das Wesen dieses Bewusstseins, dieser Existenz? Die Unterscheidung wird uns bald beweisen, dass der Ich-Gedanke nicht die grundlegende Wirklichkeit ist. Es gibt noch etwas jenseits von ihm. Wir können dieses Etwas *Brahman* nennen – aber *Brahman* ist nur wieder ein neues Wort. Es offenbart nicht die Natur jenes Dinges, das wir suchen.

Kann *Brahman* überhaupt als ein substantielles Sein oder Ding erkannt werden? Nicht im gewöhnlichen Sinn dieses Wortes. Denn etwas erkennen, heißt eine objektive Kenntnis erlangen. Diese aber ist relativ, da sie von Raum und Zeit, von Ursache und Wirkung abhängt. Auf diese Weise können wir das absolute Bewusstsein nicht erkennen, weil absolutes Bewusstsein selbst Erkenntnis ist. *Brahman* ist die Quelle aller anderen Erkenntnisse. Es umfasst den Erkennenden, die Erkenntnis und das Erkannte. Es ist unabhängig von Raum, Zeit und Ursache.

In diesem Sinn weicht die Übung der Unterscheidung von den Methoden wissenschaftlicher Untersuchung ab. Der Wissenschaftler konzentriert sich auf einen Gegenstand der Erkenntnis und verfolgt diesen über den Bereich der physischen Sinneswahrnehmung hinaus mit Hilfe von Apparaten, chemischer Analyse, mathematischen Formeln und anderem. Seine Forschung dringt wie eine Expedition immer tiefer in Zeit und Raum ein. Der religiöse Philosoph sucht Zeit und Raum, die Dimensionen des Ich-Gedankens, aufzuheben und dadurch die Wirklichkeit zu entdecken, die näher und gegenwärtiger ist als Ich, Körper oder Denkorgan.[2]

Er versucht wahrzunehmen, was er schon ist und immer sein wird, und diese Wahrnehmung ist nicht ein Aspekt des Bewusstseins, sondern ist selbst Bewusstsein. Der erleuchtete Seher erkennt nicht nur *Brahman.* Er *ist Brahman, ist* Sein, *ist* Erkenntnis. Absolute Freiheit ist nicht zu gewinnen,

Brahman ist nicht etwas, das gefunden werden kann. Es ist nur *Mayas* Schleier, der zerrissen, Unwissenheit, die überwunden werden muss.

Der Vorgang der Unterscheidung ist ein negativer Vorgang. Die positive Tatsache, unser wahres Wesen, besteht ewig. Wir sind *Brahman* – nur Unwissenheit verbirgt uns diese Tatsache.

Das übersinnliche Bewusstsein, die Vereinigung mit *Brahman* kann niemals mit den Methoden wissenschaftlicher Forschung untersucht werden, da eine solche Untersuchung schließlich auf Sinneswahrnehmungen beruht, *Brahman* aber jenseits der Reichweite unserer Sinne ist. Doch dies bedeutet nicht, dass wir verurteilt sind zu zweifeln, solange wir nicht das höchste Ziel erreicht haben, oder blind der Erfahrung der Seher vertrauen müssen. Schon die kleinste Bemühung in Meditation und geistigem Leben wird uns mit der Einsicht und Überzeugung belohnen, dass dieses wirklich der Weg zu Wahrheit und Frieden ist, dass wir uns nicht einfach betrügen oder hypnotisieren, sondern dass die Wirklichkeit erreichbar *ist.* Wir werden natürlich ein auf und ab auf diesem Weg erleben und Augenblicke der Ungewissheit erfahren; doch werden wir immer wieder zu dieser Überzeugung zurückkehren. Kein geistiger Gewinn, so klein er auch sein mag, ist jemals verloren oder verschwendet.

Methoden und Wege

Es gibt viele Wege zur Erlangung des übersinnlichen Bewusstseins. Im Sanskrit heißen diese Wege *Yogas* oder *Pfade zur Vereinigung mit Brahman.* Die verschiedenen Yogawege entsprechen den verschiedenen Temperamenten. Denn immer wird der Einzelne sich in leicht abgewandelter Weise der Wirklichkeit nahen.

Im allgemeinen werden in der religiösen Hindu-Literatur vier Hauptwege des Yoga unterschieden: *Karma, Bhakti, Jnana* und *Raja.* Sehr kurz umrissen, sind dieses ihre charakteristischen Merkmale:

Karma-Yoga betrifft, wie der Name sagt, Werk und Handlung. Indem wir selbstlos für unsere Mitmenschen arbeiten und alles Tun als heiliges Opfer für Gott betrachten, das wir aus Pflicht, ohne Besorgnis und ohne Hinblick auf Erfolg oder Misserfolg, auf Lob oder Tadel vollbringen, verlieren wir allmählich den Ich-Gedanken. Durch *Karma* können wir *Karma* überwinden und die Wirklichkeit jenseits aller Handlung erfahren.

Bhakti ist der Yoga der Hingabe, der Hingabe an *Ishvara,* den persönlichen Gott oder an einen großen Lehrer wie

Christus, Buddha, Ramakrishna. In dieser persönlichen Hingabe, diesem liebenden Dienst an einem verkörperten Ideal, überschreitet der Hingebende endlich alles Persönliche. *Bhakti* ist der Yoga des Ritus, der Verehrung, der religiösen Sakramente. Der Ritus als physische Hilfe zur Konzentration spielt auf diesem Weg eine wesentliche Rolle. Denn der Vollzug des Ritus führt wie die Handlungen des *Karma*-Yoga die Gedanken immer wieder aus der Zerstreuung zurück zur Konzentration und sammelt sie auf ihren Gegenstand. Für viele ist dieses der leichteste Weg.

Jnana-Yoga dagegen ist mehr geeignet für jene, deren starker und strenger Verstand dem Gefühlseifer der Hingabe misstraut. Er ist der Yoga der reinen Unterscheidung, der den Intellekt mit Hilfe des Intellekts überwindet. Er benötigt weder *Ishvara* noch Altar, weder Bild noch Ritual, sondern sucht einen unmittelbaren Zugang zu dem unpersönlichen *Brahman.* Vielleicht ist dieser Weg direkter, aber er ist auch schwerer und steiler. Nur wenige können ihn beschreiten.

Raja-Yoga – der Yoga der Meditation – verbindet in gewisser Weise die drei anderen. Er schließt nicht *Karma*-Yoga aus und benutzt *Bhakti*- wie *Jnana*-Yoga, da wahre Meditation eine Verbindung von Hingabe und Unterscheidung ist.

Seinem Temperament entsprechend, galt Shankaras Neigung dem *Jnana*-Yoga, dem Weg der reinen Unterscheidung, wenn er auch, wie dieses Buch zeigen wird, großer Hingabe fähig war. Entsagung, Unterscheidung, Selbstbeherrschung sind seine Losungsworte. Manche werden seine Härte, vor allem im ersten Teil des Dialogs, übertrieben finden. Aber gerade diese Strenge bildet ein wertvolles Gegengewicht gegen die Gefahren eines zu leichten Gefühlsüberschwanges, eines übermäßigen sorglosen Optimismus, einer Verwechslung von wirklicher Hingabe mit Sentimentalität. Shankara machte sich kein Trugbild von dieser Welt der *Maya.* Er verdammte ihre scheinbaren Freuden und Genüsse mit brutaler Offenheit. Aus diesem Grund konnte er so mächtig die vollkommene Umwandlung des Weltalls beschreiben, die sich vor den Augen des erleuchteten Sehers vollzieht. Wenn *Brahman* erfahren wird, wenn alle Geschöpfe und Gegenstände in ihrer wirklichen Beziehung zum Absoluten gesehen werden, dann ist diese Welt wirklich ein Paradies. Sie ist dann nichts anderes als *Brahman,* nichts anderes als Absolutes Bewusstsein, Absolute Erkenntnis und Absoluter Frieden. Nach heftigen Kämpfen erlangt der Schüler des „Kleinods der Unterscheidung" diese Verwirklichung, und Shankaras Buch schließt mit dem Ausdruck der grenzenlosen Freude hierüber.

Das Kleinod der Unterscheidung

Viveka-chudamani

Ich verneige mich tief vor Govinda, dem vollkommenen Meister, der allezeit im höchsten Zustand der Glückseligkeit verharrt. Sein wahres Wesen vermögen weder die Sinne noch der Verstand zu erfassen. Nur durch die Kenntnis der Schriften wird es offenbar.

Schwer ist es für ein Geschöpf, die Geburt in menschlicher Gestalt zu erlangen. Schwerer ist es, Körperkraft und Willensstärke, noch schwerer Reinheit zu erlangen. Schwerer noch als dieses ist der Wunsch, ein geistiges Leben zu führen. Das allerschwerste ist das Verständnis der Schriften. Nicht zu erlangen aber ist die Unterscheidung zwischen dem Atman und dem Nicht-Atman, die unmittelbare Erkenntnis des Atman selbst, die immerwährende Vereinigung mit Brahman und die endgültige Befreiung – es sei denn durch die Verdienste von hundert Billionen rechtgelebter Inkarnationen.

Die ganz seltenen Vorzüge – menschliche Geburt, Sehnsucht nach Befreiung und Unterweisung durch einen erleuchteten Lehrer – sind nur durch Gottes Gnade zu erlangen.

Dennoch gibt es Menschen, die zwar jene seltene menschliche Geburt erlangt haben, zugleich körperliche wie geistige Kraft und das Verständnis der Schriften, und die doch noch so sehr in Täuschung verfangen sind, dass sie sich nicht um Befreiung bemühen. Solche Menschen sind Selbstmörder. Sie klammern sich an das Unwirkliche und zerstören sich selbst. Denn welchen größeren Narren kann es geben als jenen, der diese seltene menschliche

Geburt zugleich mit körperlicher und geistiger Kraft erlangt hat und dennoch infolge seiner Verblendung die Verwirklichung seines höchsten Gutes verfehlt?

Man mag die Schriften hersagen und den heiligen Geistern Opfer bringen, man mag Riten ausführen und Gottheiten verehren, doch solange der Mensch nicht zur Erkenntnis seiner Identität mit dem Atman erwacht, kann er niemals Befreiung finden – selbst nicht nach vielen Hunderten von Zeitaltern.

Die Schriften lehren, dass Unsterblichkeit nicht durch Arbeit, Nachkommen oder Geld erlangt werden kann, sondern allein durch Entsagung. So ist es klar, dass Handeln nicht Befreiung bringen kann. Der Weise sollte das Verlangen nach Freude an äußeren Dingen aufgeben und sich mit aller Kraft um Befreiung mühen, einen edlen und hochherzigen Lehrer suchen und mit ganzer Seele sich in die Wahrheit versenken, die ihm gelehrt wird.

Durch Hingabe an die rechte Unterscheidung wird er die höchste Stufe der Vereinigung mit Brahman erklimmen. Durch die Kraft des Atman mag er seine eigene Seele retten, die in den Fluten der Weltlichkeit versunken ist.

Der Weise, der Ruhe gefunden hat und die Betrachtung des Atman übt, möge alle irdische Tätigkeit aufgeben und sich bemühen, die Bande der Weltlichkeit zu zerreißen.

Rechtes Handeln hilft das Herz reinigen. Aber es führt nicht zur unmittelbaren Erkenntnis der Wirklichkeit. Diese wird durch Unterscheidung gewonnen, nicht aber – auch nicht im geringsten – durch Millionen von Handlungen.

Richtige Unterscheidung lässt uns das wahre Wesen eines Seils erkennen und vertreibt die quälende Angst, die unsere irrtümliche Annahme, es sei eine Schlange, hervorruft.

Gewissheit bezüglich der Wirklichkeit wird nur durch Meditation über die rechte Lehre erlangt und nicht durch religiöse Reinigungen, durch Almosengeben oder durch Hunderte von Atemübungen.

Das Erreichen des Zieles hängt vor allem von der Befähigung des Suchenden ab. Die rechte Zeit, der rechte Ort und andere solcher Voraussetzungen sind Hilfen auf dem Weg zum Ziele.

Darum möge, wer den Atman, die Wirklichkeit erkennen will, Unterscheidung üben. Zuerst aber muss er einen Lehrer finden, der ein vollkommener Kenner Brahmans ist und dessen Erbarmen so tief ist wie das Meer.

Wer intelligent und gelehrt, von großer Verständniskraft und fähig ist, mit Hilfe seiner Vernunft Zweifel zu überwinden, ist für die Erkenntnis des Atman geeignet.

Nur wer Unterscheidungsvermögen besitzt und seine Gedanken von allen irdischen Freuden abwendet, wer Gleichmut und die verwandten Tugenden besitzt, wer überdies nach Befreiung verlangt, ist befähigt, Brahman zu suchen.

Die Weisen nannten vier Voraussetzungen, die notwendig sind, um dieses Ziel zu erreichen. Wenn diese gegeben sind, wird die Hingabe an die Wirklichkeit vollkommen sein. Wenn sie fehlen, dann gelingt sie nicht.

Die erste Voraussetzung ist die Unterscheidung zwischen dem Ewigen und dem Nicht-Ewigen – ferner Verzicht auf den Genuss der Früchte aus den Handlungen in diesem Leben und nachher. Nun folgen die sechs Sätze der Tugend, beginnend mit dem Gleichmut. Als letztes wird die Sehnsucht nach Befreiung verlangt.

Brahman ist wirklich, das Weltall ist unwirklich. Feste Überzeugung, dass dieses zutrifft, heißt *Unterscheidung* zwischen dem Ewigen und dem Nicht-Ewigen.

Entsagung ist Aufgabe aller Freuden des Auges, des Ohres und der anderen Sinne, der Verzicht auf alle Gegenstände vorübergehender Freude, das Aufgeben des Wunsches sowohl nach einem irdischen Körper wie nach der höchsten Art eines göttlichen Geistleibes.

Das Bewusstsein von allen Gegenständen durch stetes Erkennen ihrer Unvollkommenheiten abziehen und gesammelt auf das eine Ziel Brahman richten, heißt *Gleichmut* bewahren.

Die Sinnes-Organe der Wahrnehmung wie der Tätigkeit von den Gegenständen ablösen und sie gesammelt in ihr Zentrum zurückziehen, heißt *Selbstbeherrschung*. Das wahre mentale *Gleichgewicht* besteht darin, das Bewusstsein nicht auf äußere Anreize reagieren zu lassen.

Alle Arten von Unglück ohne Empörung, Klage oder Beschwerde zu ertragen, wird *Langmut* genannt.

Die feste auf klugem Verständnis gegründete Überzeugung, dass die Lehren der Schriften und des eigenen Meisters wahr sind, wird von den Weisen *Glauben* genannt. Dieser führt zur Erfahrung der Wirklichkeit.

Das Denken immer wieder auf Brahman konzentrieren und dort allezeit gesammelt halten, wird *Hingabe* genannt. Dieses bedeutet aber nicht Beschwichtigen des Verstandes durch müßige Gedanken.

Die *Sehnsucht nach Befreiung* ist der Wille, sich von den Ketten, die die Unwissenheit geschmiedet hat – vom Ich-Gedanken bis hinab zum physischen Körper – durch Erkenntnis des eigenen wahren Wesens zu befreien.

Ist diese Sehnsucht nach Befreiung auch nur in einem schwachen und geringen Maß vorhanden, so wird sie durch die Gnade des Lehrers und durch Üben von Entsagung und Tugenden wie jener des Gleichmuts usw. wachsen und Früchte tragen. Sind Entsagung und Sehnsucht nach Befreiung in großem Maße vorhanden, dann wird die Übung des Gleichmuts und der anderen Tugenden Früchte tragen und zum Ziele führen. Wenn Entsagung und Sehnsucht nach Befreiung schwach sind, sind Gleichmut und die anderen Tugenden nur scheinbar vorhanden, einer Fata Morgana in der Wüste gleich.

Von allen Wegen zur Befreiung ist der Weg der *Hingabe* der höchste. Diese bedeutet ernsthaftes Suchen nach dem eigenen wirklichen Wesen. Hingabe kann mit anderen Worten definiert werden als das Suchen nach der Wirklichkeit des eigenen Atman. Wer nach dieser Wirklichkeit des Atman sucht und die oben genannten Eigenschaften besitzt, sollte einen erleuchteten Lehrer suchen, der ihm den Weg zur Befreiung von allen Fesseln weisen kann.

Der Lehrer ist in den Schriften bewandert, lauter, frei von Begierden, und hat Brahman vollkommen erkannt. Unverwandt in Brahman versunken, ist er ruhig wie die Flamme, deren Öl aufgebraucht ist. Er ist ein Meer jener Liebe, die keinen Beweggrund sucht, ein Freund aller Guten, die demütig ihm vertrauen.

Der Suchende sollte sich mit ehrfürchtiger Hingabe dem Meister nahen. Hat er sein Wohlgefallen durch Demut, Liebe und Dienstbereitschaft erlangt, dann kann er ihn nach allem fragen, was über den Atman auszusagen ist.

Vor dir, o Meister des grenzenlosen Erbarmens, Freund aller Andächtigen, beuge ich mich. Ich bin versunken im Meer der Welt – errette mich mit deinen unbeirrbaren Augen, die niemals endende Gnade wie Nektar spenden.

Ich brenne in den Flammen des Weltdickichts, die kein Mensch löschen kann. Böse Taten der Vergangenheit treiben mich wie der Sturm hin und her. Ich bin voller Furcht. In dir suche ich meine Zuflucht. Errette mich vom Tode. Ich weiß keine andere Zufluchtsstätte.

Es gibt reine Seelen, die Frieden und Stärke gefunden haben. Wie der Frühling bringen sie der Menschheit Gutes. Sie haben das furchtbare Meer der Welt überquert und helfen ohne irgendein selbstsüchtiges Motiv anderen, es zu überqueren.

Es ist das Wesen dieser großen Seelen, aus eigenem Antrieb anderen zu helfen, so wie der Mond von selbst der Erde Kühlung gibt, wenn sie von den brennenden Strahlen der Sonne versengt worden ist.

Deine Lippen sind eingetaucht in die süße Seligkeit Brahmans und ganz von ihr erfüllt. Lass wie Nektartropfen Worte von diesen Lippen auf mich fallen, dass sie mich reinigen, besänftigen und ergötzen. Meister, mich verzehrt die sengende Hitze des weltlichen Lebens wie ein Waldbrand. Gesegnet sind die, auf denen deine Augen auch nur für einen Augenblick ruhen. Mit diesem Blick nimmst du sie an und machst sie dir zu eigen.

Wie kann ich das Meer dieser Welt überqueren? Was hat mein Ziel zu sein? Welchen Weg soll ich einschlagen? Ich kenne keinen. Sei gnädig, Meister! Errette mich! Sage mir, wie ich das Elend dieses irdischen Lebens beenden kann. Verbirg mir nichts.

Von den wilden Flammen des Weltdickichts verbrannt, spricht der Schüler diese Worte. Die große Seele blickt auf den Schüler, der Zuflucht bei ihr sucht. Die Augen des Meisters sind nass von Tränen des Erbarmens. Im Augenblick befreit er den Schüler von seiner Angst.

Dieser Schüler, der seinen Schutz sucht, dürstet nach Befreiung. Er hat seine Pflichten redlich erfüllt, sein Herz ist voller Ruhe, und er hat Gleichmut erlangt. Der Weise und Heilige beginnt voll Erbarmen, ihn in der Wahrheit zu unterweisen.

O du Verständiger, fürchte dich nicht. Für dich besteht keine Gefahr. Es gibt einen Weg, das Meer des weltlichen Lebens zu überqueren. Ich will dir den Weg zeigen, auf dem viele Weise das andere Ufer erreicht haben.

Es gibt eine bestimmte wirksame Methode, die Schrecken dieses weltlichen Lebens zu beenden, das Weltmeer zu überqueren und höchste Seligkeit zu erlangen.

Die Meditation über den Sinn der Wahrheit, wie sie der Vedanta lehrt, führt zur höchsten Erleuchtung. Durch sie wird alles Elend des weltlichen Lebens vernichtet.

Glaube, Hingabe und immerwährende Vereinigung mit Gott im Gebet sind, nach den heiligen Schriften, die Hilfen, die den Suchenden geradewegs zur Befreiung führen. Wer in ihnen verharrt, erlangt die Befreiung von jener Fessel des Körper-Bewusstseins, die durch Unwissenheit geschmiedet wurde.

Da du in Unwissenheit verstrickt bist, scheint der Atman in dir vom Nicht-Atman gebunden zu sein. Dies ist der einzige Grund für den Kreislauf von Geburt und Tod. Die Flamme der Erleuchtung, die durch die Unterscheidung zwischen dem Atman und dem Nicht-Atman entzündet wird, brennt die Wirkung der Unwissenheit bis auf ihre Wurzeln nieder.

Der Schüler spricht:
Meister, ich bitte dich, höre auf die Frage, die ich dir stellen möchte. Gesegnet bin ich, wenn ich eine Antwort von deinen Lippen vernehme.

Was ist in Wahrheit diese Bindung? Wie begann sie? Wo liegt ihre Wurzel? Wie kann sich der Mensch von ihr befreien? Was ist der Nicht-Atman? Was ist der Atman? Wie kann man beide voneinander unterscheiden? Ich bitte dich, gib mir Antwort.

Der Meister spricht:
Gesegnet bist du, fürwahr. Denn du nahst dich dem Ziel. Durch dich wird deine ganze Familie geläutert, da du Brahman und die Befreiung von den Banden der Unwissenheit ersehnst.

Kinder können ihren Vater von seinen Verschuldungen lösen. Sonst vermag keiner einen anderen zu befreien: Jeder muss dies für sich allein vollbringen.

Die Schmerzen, die durch eine Last auf dem Kopf verursacht werden, kann ein anderer fortnehmen. Das Leiden aber, das durch Hunger und Ähnliches entsteht, kann jeder nur sich selbst erleichtern.

Der Kranke, der Arzneien nimmt und Diätvorschriften befolgt, erlangt seine Gesundheit – nicht aber durch die Anstrengung anderer.

Die klare Schau der Wirklichkeit enthüllt sich unseren Augen nur, wenn diese sich der geistigen Einsicht öffnen, nicht aber durch die Augen eines anderen Sehers. Mit unseren eigenen Augen sehen wir, wie der Mond aussieht. Wie könnten wir dies durch die Augen anderer erfahren?

Die Ketten, die uns durch unsere Unwissenheit binden, durch lustvolle Begierden und die Früchte unseres Karmas, kann niemand lösen außer uns selbst, wenn er sich auch unzählige Zeitalter lang darum bemühte.

Doch nicht durch Yoga-Übung oder Sankhya-Philosophie, durch gute Werke oder durch Gelehrtheit erlangen wir Befreiung, sondern einzig und allein durch die Erfahrung, dass der Atman und Brahman eins sind.

Es ist die Pflicht des Königs, seinem Volke zu gefallen. Aber nicht jeder, der dem Volk wohlgefällt, taugt zum König. Denn dem Volk gefällt genauso gut die geschwungene Form einer Laute und das Können, mit dem sie gezupft wird. Bildung, schöngeformte Rede, großer Wortschatz und die Gewandtheit der Schriftdeutung können den Gelehrten erfreuen. Doch bringen sie nicht Befreiung.

Das Studium der Schriften ist fruchtlos, solange Brahman nicht erfahren wird. Die Erfahrung Brahmans aber macht das Lesen der Schriften unnötig.

Ein Netzwerk von Worten gleicht einem dichten Wald, in dem die Gedanken hin und her wandern. Darum sollte jeder, der dies weiß, mit aller Kraft Brahman zu erfahren suchen.

Der Mensch, der von der Schlange der Unwissenheit gebissen worden ist, kann nur durch die Erfahrung von Brahman geheilt werden. Veda und die anderen Schriften, Zaubermittel oder Kräuter sind nutzlos.

Krankheit wird nicht durch das Wort „Medizin" geheilt. Du musst die Medizin nehmen. Befreiung kommt nicht einfach durch Aussprechen des Wortes „Brahman". Brahman muss wirklich erfahren werden. Wie kannst du Befreiung finden, wenn du nur das Wort „Brahman“ aussprichst, bevor du nicht dieses Schein-Universum aus deinem Bewusstsein hast schwinden lassen, bevor du nicht Brahman erfahren hast? Das Wort ist dann nicht mehr als ein Geräusch. Wenn man nicht die Feinde zerstreut und sich des Glanzes und Reichtums des Königreichs bemächtigt hat, kann man nicht König sein, nur weil man behauptet: „Ich bin König“.

Ein verborgener Schatz wird nicht gehoben, nur weil man sagt: „Komm hervor!“ Man muss den rechten Anweisungen folgen, muss graben, Steine und Erde forträumen und ihn sich zu eigen machen. In gleicher Weise wird die reine Wahrheit des Atman, die unter Maya und ihren Auswirkungen verborgen liegt, nur durch Meditation, Kontemplation und andere geistige Übungen erlangt, die der um Brahman Wissende vorschreibt. Niemals genügen bloße Erörterungen. Darum muss der Weise persönlich alle Kräfte einsetzen, um die Befreiung von den Fesseln der Welt zu erlangen, ebenso wie er selbst die Arzneimittel gegen physische Krankheiten einnehmen muss.

Die Frage, die du heute gestellt hast, ist eine sehr gute. Sie bezieht sich auf die Lehren der Schriften. Ihre Bedeutung ist tief verborgen. Alle, die Befreiung suchen, sollten diese Fragen stellen.

Höre aufmerksam zu, du Besonnener, auf meine Antwort! Durch Zuhören wirst du gewiss Befreiung finden von den Bindungen der Welt.

Die erste Stufe der Befreiung wird als vollkommene Loslösung von allen nicht-ewigen Dingen bezeichnet. Dann kommt die Übung von Gleichmut, Selbstbeherrschung und Langmut. Es folgt die völlige Aufgabe aller Handlungen, die aus persönlichen selbstsüchtigen Wünschen entstehen.

Dann muss der Schüler die Wahrheit über Atman verstehen, darüber nachdenken und sie ohne Unterbrechung eine lange Zeit unaufhörlich meditieren. So erlangt der Weise den höchsten Zustand, in dem sich das Bewusstsein von Subjekt und Objekt auflöst und nur das unendliche Bewusstsein der Einheit bestehen bleibt, und er erfährt die Seligkeit des Nirvana noch während seines Erdenlebens.

Ich will dir nun die Unterscheidung zwischen dem Atman und dem Nicht-Atman erklären, die du lernen musst. Höre sorgfältig zu. Dann erfasse diese Wahrheit in deiner Seele.

Was die Seher den groben Körper nennen, besteht aus folgenden Substanzen: aus Mark, Knochen, Fett, Fleisch, Blut, Haut und Epidermis; aus Beinen, Schenkeln, Brust, Armen, Füßen, aus Rücken, Kopf und anderen Teilen. Dieser Körper gilt als die Wurzel des Trugbildes von „Ich“ und „mein“.

Die feinstofflichen Elemente sind: Äther, Luft, Feuer, Wasser und Erde. Teile dieser Elemente bilden, miteinander verbunden, den grobstofflichen Körper.

Klang, Berührung, Gesicht, Geschmack und Geruch, diese fünf Essenzen der Elemente sind, was wir erfahren. Sie sind vorhanden, damit jeder Mensch ihre Erfahrungen machen kann.

Die verblendeten Wesen, die durch das starke, schwer zu durchschneidende Band der Begierde an die Gegenstände ihrer Erfahrung gebunden sind, bleiben Geburt und Tod unterworfen. Sie wandern aufwärts und abwärts, getrieben vom unausweichlichen Gesetz ihres eigenen Karmas.

Hirsch, Elefant, Motte, Fisch, Biene – jedes dieser Tiere findet den Tod, bezwungen von einem einzigen dieser fünf Sinne. Welches Schicksal erwartet dann den Menschen, der unter dem Bann aller fünf Sinne steht?

Die Gegenstände, die die fünf Sinne wahrnehmen, haben eine noch verhängnisvollere Wirkung als das Gift der Kobra. Gift tötet nur, wenn es in den Körper dringt. Diese Gegenstände aber vernichten uns allein schon durch ihren Anblick.

Nur wer dieser unheilvollen Falle, dem Verlangen nach Sinnesfreuden entkommen ist, ist reif für die Befreiung und kein anderer, mag er auch alle sechs Systeme der Philosophie beherrschen.

Sogenannte Suchende nach der Befreiung, die nicht den wahren Geist der Entsagung besitzen, versuchen dennoch das Meer dieser Welt zu überqueren. Jedoch der Haifisch der Gier fasst sie am Nacken und zieht sie gewaltsam in die Tiefe, sodass sie auf halbem Weg ertrinken.

Wer mit dem Schwert der wahren Begierdelosigkeit den Haifisch der Sinneslust getötet hat, überquert das Meer dieser Welt ohne Hindernis.

Wisse, dass der in Täuschung Verstrickte, der den verhängnisvollen Weg der Sinnesgier beschreitet, mit jedem Schritt seinem Untergang näherkommt. Wisse auch, dass jener die höchste Frucht der Weisheit Brahmans erntet, der dem Weg folgt, den der Lehrer, sein wahrer und bester Freund, und die eigene tiefere Einsicht ihm weisen.

Strebst du wahrhaft nach Befreiung, dann halte die Gegenstände der Sinnesfreuden in größter Entfernung, als wären sie Gift, und nähre dich immerfort von den Freuden solcher Tugenden wie Zufriedenheit, Mitleid, Vergebung, Rechtschaffenheit, Beschaulichkeit und Selbstbeherrschung.

Man sollte sich unaufhörlich bemühen um Befreiung von den Fesseln der Unwissenheit, die ohne Anfang ist. Wer diese Pflicht vernachlässigt und die körperlichen Begierden unmäßig nährt, begeht damit Selbstmord. Denn der Körper ist für den menschlichen Geist nur ein Instrument der Erfahrung.

Wer den Atman zu finden sucht, indem er die körperlichen Begierden nährt, gleicht jenem, der einen Fluß mit Hilfe eines Krokodils zu überqueren sucht, das er für ein Stück Holz hält.

Bindung an Körper, Gegenstände oder Menschen ist verhängnisvoll für den, der nach Befreiung strebt. Wer Bindungen vollkommen überwunden hat, ist bereit für den Zustand der Befreiung.

Zerstöre diese tödliche Bindung an Körper, Frau, Kinder und andere. Die Seher, die sie überwunden haben, gehen ein in den Bereich Vishnus, des Allesdurchdringenden.

Dieser Körper, der aus Haut, Fleisch, Blut, Arterien, Venen, aus Fett, Mark und Knochen besteht, ist voll eitler Materie und Schmutz. Er verdient unsere Verachtung.

Dieser Körper besteht aus den grobstofflichen Elementen, die durch eine fünffache Verbindung der feinstofflichen Elemente gebildet sind. Er wird durch das Karma des vorangegangenen Lebens geboren und ist für den Atman das Instrument der Erfahrung. Wird das gegenständliche Weltall wahrgenommen, so nennt man dies das Wachbewusstsein.

In diesem Wachbewusstsein betätigt sich der Mensch hauptsächlich durch den Körper. Er identifiziert sich in diesem Zustand mit seinem Körper, obwohl er in Wirklichkeit von ihm gesondert ist. Mit Hilfe seiner äußeren Sinne erfreut er sich der grobstofflichen Gegenstände wie Blumenschmuck, Wohlgeruch, Frauen und anderer Gegenstände der Sinnesfreude.

Wisse, dass dieser Körper, durch den der Mensch die ganze äußere Welt erfährt, dem Haus eines Hausvaters gleicht.

Die diesem grobstofflichen Körper eigentümlichen Eigenschaften sind Geburt, Verfall und Tod. Er hat verschiedene Ausprägungen wie Fettheit oder Schlankheit, verschiedene Stufen der Entwicklung wie Kindheit und Jugend. Er wird von Kastenregeln und den Gesetzen der vier Lebensordnungen beherrscht, ist verschiedenen Krankheiten und verschiedenen Arten von Behandlung ausgesetzt, wie Verehrung, Beleidigung und Ansehen.

Seine Wahrnehmungsorgane sind Ohren, Haut, Augen, Nase und Zunge, durch die Objekte wahrgenommen werden.

Seine Organe der Tätigkeit sind Stimme, Hände, Füße, die Organe der Ausscheidung und Zeugung. Mit ihnen führen wir unsere Handlungen aus.

Das Innere Organ besteht aus dem Denkorgan, dem Intellekt, dem Ich und aus den Empfindungen. Diese werden nach ihren verschiedenen Funktionen unterschieden. Die Funktion des Denkorgans ist die Betrachtung der verschiedenen Aspekte eines Gegenstandes. Die Tätigkeit des Intellekts ist es, das wirkliche Wesen eines Gegenstandes zu bestimmen.

Das Ich ist das Selbst-Bewusstsein, das entsteht, wenn sich das Denkorgan mit dem Körper identifiziert. Die Tendenz des Gefühlslebens ist die Hinneigung zum Angenehmen.

Die Lebenskraft wird nach ihren fünf verschiedenen Funktionen eingeteilt. „Atem" ist jene Funktion der Lebenskraft, die beim Atemholen benutzt wird. „Hinuntergezogener Atem" wird bei der Ausscheidung benutzt. „Verteilender Atem" beherrscht den Vorgang der Verdauung und Assimilation. „Diffuser Atem" wird beim Auswurf benutzt.

Ebenso wie Gold nach seinen unterschiedlichen Verarbeitungen verschiedenartig benannt wird, ebenso wie Wasser die Form von Wellen, von Schaum und anderem annimmt, so erhält die eine Lebenskraft unterschiedliche Namen entsprechend ihren fünf verschiedenen Funktionen.

Acht Gruppen bilden den feinstofflichen Körper; diese sind: fünf Organe der Wahrnehmung, fünf Organe der Tätigkeit, fünf Funktionen der Lebenskraft, fünf feinstoffliche

Elemente, das Denkorgan, zusammen mit Unwissenheit, Begierden und Karma. Der feinstoffliche Körper besteht aus den subtilen Elementen, die noch nicht ihre fünffachen Verbindungen eingegangen sind. Er ist der Sitz unserer Begierden, das Feld, auf dem die Früchte des Karmas geerntet werden. Die menschliche Unwissenheit deckt diesen feinstofflichen Körper seit anfangsloser Zeit über den Atman.

Der Traumzustand gehört vorwiegend zum feinstofflichen Körper. Im Traum schafft dieser seine eigene Materie und leuchtet mit seinem eigenen Licht. Das Denkorgan ist das Lagerhaus der vielen Eindrücke, die unsere Begierden im Wachzustand zurücklassen. Im Traum identifiziert sich das Denkorgan mit dem Ich-Gedanken, und diese Eindrücke spielen darauf. Der Atman aber verharrt wie stets, jenseits von allem in seinem eigenen selbstleuchtenden Bewusstsein. Im Traum ist das Denkorgan seine einzige Umhüllung. Der Atman schaut allem zu, aber er wird nicht im Geringsten von den Traumerfahrungen befleckt. Er ist für immer frei und unberührt. Kein Karma, geschaffen durch die ihn bedeckenden Hüllen, kann ihn auch nur im Geringsten jemals beschmutzen.

Der feinstoffliche Körper gleicht einem scharfen Werkzeug in der Hand des Zimmermanns. Er ist das Werkzeug der gesamten Tätigkeit des Atman, der unendliche Weisheit ist. Der Atman selbst aber ist frei von jeder Befleckung.

Blindheit, Seh-Schwäche oder scharfe Sicht sind Zustände des Auges: Sie werden durch seine Eigenschaften oder Schwächen verursacht. In gleicher Weise sind Taubheit und Stummheit Zustände des Ohres und der Zunge – nicht aber des Atman, des Wissenden. Ein- und Ausatmen,

Gähnen, Niesen, der Auswurf des Speichels, das Verlassen des Körpers im Tode sollen nach Ansicht der Wissenden die verschiedenen Funktionen der Lebenskraft sein, ebenso wie Hunger und Durst.

Das Denkorgan identifiziert sich ebenso mit den Organen der Wahrnehmung und Handlung wie mit dem physischen Körper. So entsteht das Gefühl der Individualität, das den Menschen zum Leben und Handeln treibt. Sein Bewusstsein ist der Widerschein des unendlichen Bewusstseins des Atman.

Das, was zu handeln oder Erfahrungen aufzunehmen meint, wird Ich, das individuelle Selbst genannt. Da sich dieses Ich mit den Gunas identifiziert, erfährt es die drei Bewusstseinszustände – den Zustand des Wachseins, des Traumes und des traumlosen Schlafes.

Sind die Gegenstände der Erfahrung angenehm, dann ist das Ich glücklich. Wenn sie unerfreulich sind, ist es unglücklich. Freude und Schmerz gehören der Individualität an – nicht dem Atman, der für immer in Seligkeit verharrt.

Ein Gegenstand der Erfahrung ist liebenswert – nicht an sich, sondern weil er dem Atman dient. Der Atman selbst aber ist liebenswerter als alles, er ist für immer voller Seligkeit. Für ihn kann es niemals Leiden geben. Im traumlosen Schlaf, in dem es keinen Gegenstand der Erfahrung gibt, wird die Freude des Atman empfunden. Dies beweist uns die eigene Erfahrung. Die Schriften, Tradition und logisches Denken bestätigen es.

Maya in ihrem Aspekt der Möglichkeit ist die göttliche Kraft des Herrn. Sie hat keinen Anfang, besteht aus den drei Gunas, ist feinstofflich und jenseits aller Wahrnehmung. Der Weise folgert ihr Dasein aus ihren Wirkungen. Sie gebiert das ganze Weltall.

Sie ist weder Sein noch Nicht-Sein, noch eine Mischung von beiden. Sie ist nicht geteilt noch ungeteilt, noch eine Mischung von beiden. Sie ist weder ein unteilbares Ganzes noch besteht sie aus Teilen, noch ist sie eine Mischung von beiden. Sie ist höchst seltsam, ihr Wesen ist nicht zu erklären.

Ebenso wie die Erkenntnis des Seils als Seil die Illusion, es sei eine Schlange, zerstört, so wird Maya durch die unmittelbare Erfahrung des reinen freien Brahman, des Einen ohne ein Zweites, zerstört. Maya besteht aus den Gunas – den Kräften, die als Raja, Tamas und Sattva bekannt sind. Diese haben unterschiedliche Merkmale.

Rajas hat die Kraft der Projektion. Seine Natur ist Tätigkeit. Durch seine Kraft beginnt die Welt der Erscheinungen, die in Maya eingefaltet ist, sich zu entfalten. Es entstehen Bindung, Begierde und ähnliche Regungen, sowie Kummer und ihm verwandte Stimmungen.

Lust, Zorn, Habgier, Hochmut, Eifersucht, Selbstsucht, Neid und andere solcher Laster sind die negativen Merkmale von Rajas. Wenn ein Mensch von ihnen überwältigt wird, bindet er sich an weltliches Tun. Daher ist Rajas die Ursache der Bindung.

Tamas hat die Macht, das wahre Wesen eines Gegenstandes zu verhüllen und ihn anders erscheinen zu lassen, als er ist. Er ist die Ursache für des Menschen nie endendes Ausgeliefertsein an das Rad von Geburt und Tod. Es ermöglicht auch das Wirken der Macht von Rajas.

Ein Mensch kann intelligent, klug und gelehrt sein. Er mag die Fähigkeit zu strenger Selbstanalyse besitzen. Doch wenn er von Tamas überwältig ist, kann er das wahre Wesen des Atman nicht verstehen, selbst wenn es ihm auf verschiedenste Weise deutlich erklärt wird. Er hält die Erscheinung, das Ergebnis seiner Unwissenheit, für die Wirklichkeit und wird somit in Täuschungen verstrickt. Diese verdunkelnde Macht des verhängnisvollen Tamas ist überaus groß.

Die charakteristischen Merkmale von Tamas sind die Unfähigkeit, das tatsächliche Objekt zu erkennen; etwas als etwas anderes zu sehen, als was es wirklich ist; die Unstetigkeit der Gedanken; und der Irrtum, Trugbilder für Wirklichkeit zu halten. Solange der Mensch an Tamas gebunden ist, kann er sich von diesen Eigenschaften nicht befreien. Auch wird ihn Rajas solange unablässig beunruhigen.

Tamas hat noch weitere charakteristische Merkmale: Unwissenheit, Trägheit, Dumpfheit, Schlaf, Täuschung und Dummheit. Ein Mensch unter ihrem Einfluss kann nichts verstehen. Ein solcher Mensch lebt wie ein Schlafwandler oder wie ein unbewusster Holzklotz.

Sattva ist Reinheit. Selbst wenn es, wie Wasser mit Wasser, mit Rajas und Tamas vermischt ist, erleuchtet es den Weg zur Befreiung. Sattva offenbart Atman wie die Sonne die gegenständliche Welt erhellt.

Mit den anderen Gunas vermischt, sind die charakteristischen Merkmale Sattvas: Demut, Reinheit, Zufriedenheit und Ernst, der Drang, die Schriften zu studieren, Gottergebenheit, Unschuld, Wahrhaftigkeit, Enthaltsamkeit, Begierdelosigkeit, Glauben, Hingabe, Sehnsucht nach Befreiung, Abneigung gegen die Dinge dieser Welt und andere Tugenden, die zu Gott führen.

In seinem reinen Zustand hat Sattva folgende Merkmale: Gleichmut, unmittelbare Wahrnehmung des Atman, vollkommener Frieden, Zufriedenheit, Freude und ständige Hingabe an den Atman. Durch diese Eigenschaften schmeckt der Gottsucher immerwährende Glückseligkeit.

Maya wird als eine Verbindung der drei Gunas beschrieben. Sie ist der Kausalkörper des Atman. Der traumlose Schlaf gehört vor allem zum Bereich des Kausalkörpers. In diesem Zustand sind die Wirkungen des Denkorgans und der Sinnesorgane aufgehoben.

Im traumlosen Schlaf gibt es überhaupt kein Erkennen. Das Denkorgan besteht weiter in seiner feinstofflichen Form, wie ein Samenkorn. Beweis hierfür ist die jedem bekannte Erfahrung, dass man sich beim Erwachen noch erinnert: „Ich habe nichts gewusst."

Es gibt also den Körper, die Sinnesorgane, die Lebenskraft, das Denkorgan, das Ich und deren Funktionen. Es gibt die Gegenstände der Freude und des Genusses und aller anderen Erfahrungen, die grobstofflichen und die feinstofflichen Elemente – kurz gesagt, das ganze gegenständliche Weltall und Maya, seine Ursache. Doch dies alles ist nicht der Atman. Wisse, dass Maya und alle ihre Wirkungen –

vom kosmischen Intellekt bis zum grobstofflichen Körper herab – vom Atman verschieden sind. All dies ist unwirklich wie eine Fata Morgana in der Wüste.

Nun aber will ich dir das Wesen des Atman enthüllen. Wenn du es erkennst, dann bist du erlöst von den Banden der Unwissenheit und erlangst Befreiung.

Es gibt eine aus sich selbst bestehende Wirklichkeit, die Grundlage unseres Ichbewusstseins ist. Diese Wirklichkeit ist Zuschauer der drei Zustände unseres Bewusstseins und ist von den fünf körperlichen Hüllen verschieden.

Diese Wirklichkeit ist der Wissende in allen Bewusstseinszuständen, dem Zustand des Wachens, des Träumens und des traumlosen Schlafes. Sie ist der Gegenwart oder Abwesenheit des Denkorgans, sowie seiner Funktionen gewahr. Sie ist der Atman.

Diese Wirklichkeit erschaut alles in ihrem eigenen Licht. Sie selbst kann niemand sehen. Sie gibt dem Denkorgan und dem Verstand Einsicht, aber niemand erleuchtet sie.

Diese Wirklichkeit durchdringt das Weltall, aber nichts durchdringt sie. Sie allein leuchtet. Das Weltall erstrahlt im Widerschein ihres Lichtes.

Ihre Gegenwart bewirkt die Tätigkeit des Körpers, der Sinne, des Denkorgans und Intellekts, als gehorchten diese ihrem Befehl. Ihr Wesen ist ewiges Bewusstsein. Sie weiß alles vom Gedanken bis zum Körper selbst. Sie kennt

Freude und Leid und alle Gegenstände der Sinneswahrnehmung. Sie weiß alles objektiv, so wie ein Mensch um das gegenständliche Sein eines Kruges weiß.

Dies ist der Atman, das Höchste Wesen, der Uralte. Niemals endet seine Erfahrung unendlicher Freude. Immer ist er der Gleiche. Er ist Bewusstsein selbst. Unter seinem Befehl arbeiten die Organe und Lebensenergien.

Hier, in diesem Körper, im geläuterten Denkorgan, in der geheimen Kammer der Vernunft, im unendlichen Weltall innerhalb des Herzens, erstrahlt der Atman in seinem bezaubernden Glanz, wie die Sonne am Mittag. Sein Licht enthüllt das Weltall.

Er ist der Wissende in allen Regungen des Denkens und allen Taten des einzelnen Menschen. Er ist der Zuschauer aller Tätigkeiten des Körpers, der Sinnesorgane und der Lebensenergie. Er scheint mit allen diesen identisch zu sein, wie Feuer mit einer glühenden Eisenkugel identisch scheint. Und doch ist er weder aktiv noch dem geringsten Wandel unterworfen.

Der Atman ist ohne Geburt und Tod. Er wächst nicht und er vergeht nicht. Er ist unwandelbar, ewig. Er vergeht nicht, wenn sich der Körper auflöst. Vergeht die Luft, wenn der Krug zerbrochen ist, der sie enthielt?

Der Atman ist verschieden von Maya, der ersten Ursache und von ihrer Wirkung, dem Weltall. Das Wesen des Atman ist reines Bewusstsein. Der Atman enthüllt das ganze Weltall von Bewusstsein und Materie. Er selbst ist nicht zu bestimmen. Er erhält die ungebrochene Empfindung unserer Identität während der verschiedenen Bewusstseinsphasen – im Wachen, Träumen und Schlafen aufrecht. Er gibt sich als Zuschauer unseres Denkens kund.

Wenn das Denkorgan beherrscht und der Intellekt rein und in Ruhe gehalten wird, ist der Atman unmittelbar im eigenen Inneren zu erfahren. Erkenne den Atman als das wirkliche Selbst. Dann wirst du das uferlose Meer der Weltlichkeit überqueren, dessen Wellen Geburt und Tod sind. Lebe stets im Wissen um die Identität mit Brahman und sei gesegnet.

Der Mensch lebt in Fesseln, weil er durch Unwissenheit das, was Nicht-Atman ist, für sein wirkliches Selbst hält. Daraus folgt das Leiden von Geburt und Tod. In seiner Unwissenheit identifiziert der Mensch den Atman mit seinem Körper und hält das Vergängliche für wirklich. So ernährt er seinen Körper, schmückt und behütet ihn mit großer Sorgfalt. Er wird umgarnt von den Gegenständen der Sinneswahrnehmungen wie die Raupe von den Fäden der Puppe.

Von seiner Unwissenheit getäuscht, verwechselt der Mensch eines mit dem anderen. Mangel an Unterscheidungskraft lässt ihn eine Schlange für ein Seil halten. Greift er in diesem Glauben nach ihr, so ist er in großer Gefahr. Das Unwirkliche für Wirklichkeit zu halten, schafft den Zustand der Bindung. Achte hierauf, mein Freund.

Der Atman ist unteilbar, ewig, das Eine ohne ein Zweites. Ewig offenbart er sich durch die Kraft seines eigenen

Wissens. Seine Herrlichkeit ist unendlich. Der Schleier von Tamas verhüllt das wahre Wesen des Atman, so wie eine Sonnenfinsternis die Sonnenstrahlen verbirgt.

Wenn die reinen Strahlen des Atman auf diese Weise verdeckt werden, identifiziert sich der Getäuschte mit seinem Körper, der Nicht-Atman ist. Dann fügt Rajas, das die Macht hat, trügerische Formen zu projizieren, ihm ernsthaften Schaden zu. Es bindet ihn mit den Fesseln der Lust, des Zorns und anderer Leidenschaften.

Sein Denken wird verkehrt. Sein Bewusstsein vom Atman wird von dem Haifisch der vollkommenen Unwissenheit verschlungen. Der Macht Rajas‘ nachgebend, identifiziert er sich mit den vielen Antrieben und Veränderungen des Denkens. Darum wird er hierhin und dorthin getrieben, einmal emportauchend, das andere Mal wieder in dem grenzenlosen Meer von Geburt und Tod versinkend, dessen Wasser vom Gift der Sinneserfahrungen getrübt sind. Dies ist fürwahr ein trauriges Geschick.

Die Sonnenstrahlen ziehen die Feuchtigkeit an, und diese bilden die Wolkenwand, die die Sonne verbirgt. So scheint es, als gäbe es nur Wolken. Ebenso verbirgt das Ich, das vom Atman hervorgebracht wird, die wahre Natur des Atman, sodass es scheint, als gäbe es nur das Ich. An einem stürmischen Tag wird die Sonne von den dicken Wolken ganz verschluckt. Diese Wolken wiederum werden von scharfen, frostigen Windstößen angegriffen. So greift die schreckliche Macht von Rajas, wenn der Atman in dunklen Wolken des Tamas verborgen ist, den getäuschten Menschen mit allen Arten von Leiden an.

Die Gebundenheit des Menschen wird durch die Macht dieser beiden, durch Tamas und Rajas verursacht. Von ihnen getäuscht, hält er den Körper fälschlicherweise für den Atman und verirrt sich auf den Weg, der zu Tod und Wiedergeburt führt.

Des Menschen Leben in dieser relativen Welt ist mit einem Baum zu vergleichen. Tamas ist der Samen. Die Identifizierung des Atman mit dem Körper gibt ihm Wachstum. Die Begierden sind seine Blätter. Tätigkeit ist sein Saft, der Körper sein Stamm. Die Lebenskräfte sind seine Äste, die Sinnesorgane seine Zweige. Die Sinneswahrnehmungen sind seine Blüten, seine Früchte die Leiden, die durch manche seiner Handlungen hervorgerufen werden. Der Mensch ist der Vogel, der die Früchte des Lebensbaumes verzehrt.

Die Bindung des Atman an den Nicht-Atman entspringt der Unwissenheit und hat keinen äußeren Grund. Sie ist ohne Anfang und wird bestehen, bis der Mensch Erleuchtung findet. Solange er in dieser Gebundenheit verharrt, bleibt er einer langen Kette von Elend, Geburt, Tod, Krankheit, Gebrechlichkeit und anderem unterworfen.

Diese Gebundenheit wird nicht durch Waffen, Wind, Feuer oder durch Millionen von Handlungen durchbrochen. Nur das scharfe Schwert der Erkenntnis kann diese Bindung durchschneiden. Es wird geschmiedet von der Unterscheidung und geschärft durch die Reinheit des Herzens und durch die göttliche Gnade.

Der Mensch muss treulich und voller Hingabe die Pflichten seines Lebens erfüllen, wie es die Schriften lehren. Dies reinigt sein Herz.

Ein Mensch, dessen Herz rein ist, erfährt den Atman. Damit zerstört er die Schlingpflanzen, die ihn an die Welt fesseln, mit Stumpf und Stiel.

Unter den fünf Hüllen, die seine eigene Maya webt, und die mit dem physischen Körper beginnen, bleibt der Atman verborgen, wie das Wasser in einem Teich, der dicht mit Algen bedeckt ist. Wenn diese entfernt sind, tritt das Wasser klar hervor. Es stillt den Durst des Menschen, kühlt ihn und macht ihn glücklich.

Wenn alle fünf Hüllen entfernt sind, offenbart sich der reine Atman als Gott, der im Inneren wohnt, als nicht endende, unvermischte Glückseligkeit, als höchstes, sich selbst erleuchtendes Sein.

Der Weise, der Befreiung von den Fesseln sucht, muss zwischen Atman und Nicht-Atman unterscheiden. Auf diese Weise kann er den Atman erfahren als Unendliches Sein, Unendliche Weisheit und Unendliche Liebe. So findet er Seligkeit.

Der Atman wohnt im Inneren. Er ist frei von Bindung und jenseits aller Tätigkeit. Der Mensch muss diesen Atman von jedem Gegenstand der Erfahrung trennen, so wie sich ein Grashalm von seiner Blattscheide befreit. Dann muss er alle Erscheinungen, die die Welt von Namen und Formen bilden, im Atman aufgehen lassen.

Die Seele, die so allein im Atman verharren kann, ist wirklich frei.

Dieser Körper ist die „physische Hülle". Nahrung ermöglichte seine Geburt, durch Nahrung wird er erhalten. Ohne Nahrung muss er sterben. Er besteht aus Epidermis, Haut, Fleisch, Blut, Knochen und Wasser. So kann er nicht der Atman sein, der immer Reine, der aus sich selbst besteht.

Es gab ihn nicht vor der Geburt und wird ihn nicht nach dem Tod geben. Er existiert nur eine kurze Zeit während der Spanne zwischen beiden. Seine Natur ist vergänglich und der Veränderung unterworfen. Er ist zusammengesetzt und besteht nicht aus einem Element. Seine Lebendigkeit ist nur eine Widerspiegelung. Er ist ein Gegenstand der Sinneswahrnehmung, wie ein Krug. Wie kann er dann der Atman sein, der selbst der Erfahrende aller Erfahrungen ist?

Der Körper besteht aus Armen, Beinen und anderen Gliedern. Er ist nicht der Atman. Denn ein Mensch kann weiterleben, auch wenn ihm einige dieser Glieder abgenommen sind. Mit Hilfe der übriggebliebenen Organe kann er weiter tätig sein. Der Körper wird von etwas anderem beherrscht. Er selbst kann nicht der Atman sein, der Beherrschende.

Der Atman beobachtet den Körper mit seinen verschiedenen charakteristischen Merkmalen und seinen Wachstumsstufen. Dass das Wesen dieses Atmans, der innewohnenden Wirklichkeit, ein anderes ist als das des Körpers, ist augenscheinlich.

Der Körper ist ein Bündel von Knochen, vom Fleisch zusammengehalten. Er ist voller Schmutz und Unreinheit. Der Körper kann niemals dasselbe sein wie der aus sich selbst bestehende Atman, der Wissende. Das Wesen des Atman ist vollkommen verschieden von dem des Körpers.

Der Unwissende identifiziert sich mit dem Körper, der aus Haut, Fleisch, Fett, Knochen und Schmutz besteht. Der Mensch mit Unterscheidung aber weiß, dass der Atman, sein wahres Sein, die eine höchste Wirklichkeit, vom Körper verschieden ist. Der Narr denkt: „Ich bin der Körper."

Der Kluge denkt: „Ich bin eine mit dem Körper verbundene individuelle Seele." Nur der Weise hat die Größe der Erkenntnis und die Unterscheidung, die den Atman als Wirklichkeit erkennt im Gedanken: „Ich bin Brahman."

Du Narr, höre auf, dich mit diesem Bündel von Haut, Fleisch, Fett, Knochen und Schmutz zu identifizieren. Identifiziere dich mit Brahman, dem Absoluten, dem Atman in allem Sein. So kannst du höchsten Frieden erlangen.

Der Kluge mag gelehrt sein im Vedanta und in den ethischen Vorschriften. Aber es besteht nicht die geringste Hoffnung auf seine Befreiung, solange er nicht aufhört, sich irrtümlich mit dem Körper und den Sinnesorganen zu identifizieren. Diese Identifizierung beruht auf einer Täuschung.

Niemals identifizierst du dich mit dem Schatten, den dein Körper wirft, oder mit dem Spiegelbild, auch nicht mit dem Körper, den du in einem Traum oder in einer Vorstellung erblickst. Darum solltest du dich auch nicht mit diesem lebendigen Körper identifizieren.

Die Unwissenden identifizieren den Körper mit Atman. Diese Unwissenheit ist die Grundursache von Geburt, Tod und Wiedergeburt. Darum musst du ernsthaft bestrebt sein, sie zu zerstören. Wenn dein Herz frei ist von solcher Unwissenheit, wird Wiedergeburt unmöglich. Du wirst Unsterblichkeit erlangen.

Die Umhüllung des Atman, die „die vitale Hülle“ genannt wird, besteht aus der Lebenskraft und den fünf Organen der Tätigkeit. Der Körper, „die physische Hülle“, wird lebendig und aktiv, wenn ihn die Lebenskraft umhüllt. Dann beginnt er zu handeln.

Diese vitale Hülle ist nicht der Atman – denn sie besteht nur aus den Lebensenergien. Der Luft gleich geht sie in den Körper ein und verlässt ihn wieder. Sie weiß nicht, was gut oder böse für sie selbst und andere ist. Immer hängt sie vom Atman ab.

Das Denkorgan bildet zusammen mit den Organen der Wahrnehmung die „mentale Hülle“. Diese verursacht die Empfindung von „Ich“ und „mein“, auch die Unterscheidung der Gegenstände. Sie ist begabt mit der Kraft und Fähigkeit, Gegenstände zu unterscheiden, indem sie ihnen verschiedene Namen gibt. Sie manifestiert sich als Umhüllung der vitalen Hülle.

Die mentale Hülle ist dem Opferfeuer zu vergleichen. Sie wird vom Brennstoff der vielen Begierden ernährt. Die fünf Organe der Wahrnehmung sind die Priester. Wie ein unaufhörlicher Strom von Opfergaben werden Gegenstände der Begierde in dieses Feuer geworfen. So entsteht das Weltall der Erscheinungen.

Unwissenheit besteht nur im Denkorgan und verursacht die Bindung an Geburt und Tod. Wenn ein Mensch, von der Erkenntnis des Atman erleuchtet, das Denkorgan übersteigt, dann entschwindet das Weltall der Erscheinungen seinem Blick. Lebt der Mensch im Bereich der Unwissenheit, dann ist die Welt der Erscheinungen für ihn existent.

Im Traum verschwindet die objektive Welt aus dem Bewusstsein, aber das Denkorgan schafft aus eigener Kraft ein ganzes Weltall von Subjekt und Objekt. Der Wachzustand ist nur ein verlängerter Traum. Das Weltall der Erscheinungen besteht nur im Denkorgan.

Im traumlosen Schlaf, in dem das Denkorgan nicht arbeitet, existiert nichts. Dies ist unsere allgemeine Erfahrung. Die trügerische Schöpfung des Denkorgans, nicht die Wirklichkeit gibt dem Menschen die Vorstellung, er läge in den Banden von Geburt und Tod.

Der Wind sammelt die Wolken und teilt sie wieder. Das Denkorgan schafft Fesseln und löst sie auch wieder auf.

Das Denkorgan schafft Bindung an den Körper und die Dinge der Welt. Es fesselt den Menschen wie der Strick das Tier. Aber das Denkorgan schafft auch im Menschen die äußerste Abneigung gegen die Gegenstände der Sinneswahrnehmung, als wären sie Gift. So befreit es ihn von seiner Bindung.

Das Denkorgan ist daher sowohl die Ursache der Bindung des Menschen, als auch die seiner Befreiung. Wenn es von Rajas getrübt ist, verursacht es Bindung. Wenn es aber von Rajas und Tamas befreit und geläutert ist, bringt es Befreiung.

Wenn Unterscheidung und Bindungslosigkeit ausschließlich geübt werden, dann wird das Denkorgan geläutert und strebt der Befreiung zu. Darum muss der Weise, der Befreiung sucht, diese beiden Eigenschaften in sich entwickeln.

Wie schreckliche Tiger streifen die unreinen Gedanken im Dickicht der Sinneswahrnehmungen umher. Der Weise, der Befreiung sucht, muss dieses meiden.

Alle Dinge, die der Erfahrende wahrnimmt – im Wachzustand wie im Traum – sind von seinem eigenen Denkorgan erschaffen. Unaufhörlich schafft es die Verschiedenheit in den Körpern der Menschen, ihre Hautfarbe, Rasse und ihre sozialen Gegebenheiten. Es ruft den Wechsel der Gunas hervor und erschafft Wünsche, Handlungen und die Früchte der Handlungen.

Der Mensch ist reines Bewusstsein, frei von Bindung. Nur sein Denkorgan täuscht ihn. Es bindet ihn mit den Fesseln des Körpers, der Sinnesorgane und des Lebensatems. Es gibt ihm Gedanken ein von „Ich“ und „mein“. Es lässt ihn endlos umherstreifen unter den Auswirkungen der Handlungen, die es verursacht hat.

Der Irrtum der Identifizierung des Atman mit dem Nicht-Atman ist der Grund für Geburt, Tod und Wiedergeburt des Menschen. Diese irrtümliche Identifizierung wird vom Denkorgan geschaffen. Es verursacht das Elend von Geburt, Tod und Wiedergeburt jener Menschen, die keine Unterscheidung kennen und von Rajas und Tamas befleckt sind.

Darum haben die Weisen, die die Wirklichkeit kennen, erklärt, das Denkorgan sei voller Unwissenheit. Wegen dieser Unwissenheit werden alle Geschöpfe des Weltalls hilflos hin und her getrieben wie Wolkenmassen vor dem Wind.

Der nach Befreiung Suchende muss daher sorgfältig bemüht sein, das Denken zu läutern. Wenn die Gedanken ganz rein sind, ist die Befreiung so leicht zu ergreifen wie eine Frucht, die man in seiner flachen Hand hält. Strebe ernsthaft nach Befreiung und deine Lust nach den Gegenständen der Sinneswahrnehmungen wird ausgerottet. Bewahre Gleichmut in allen Handlungen; vertraue der Wirklichkeit. Übe dich stetig in geistiger Zucht. Höre das Wort Brahmans, sinne darüber nach, meditiere darüber. So wird das Denkorgan von dem Übel des Rajas befreit.

Die „mentale Hülle" kann demnach nicht der Atman sein. Sie hat Anfang und Ende und ist Veränderungen unterworfen. Sie ist die Wohnung von Schmerzen, sie ist ein Gegenstand der Erfahrung. Der Schauende kann nicht das Geschaute sein.

Die Fähigkeit der Unterscheidung und die Intelligenz, die ihr zugrunde liegt, wird gemeinsam mit den Organen der Wahrnehmung die „Hülle des Intellekts" genannt.

Ihre charakteristische Eigenschaft ist das Bewirken. Sie ist die Ursache von Geburt, Tod und Wiedergeburt des Menschen.

Die Urteilskraft, die in der Hülle des Intellekts liegt, ist eine Widerspiegelung des Atman, des reinen Bewusstseins. Die Hülle des Intellekts ist eine Auswirkung von Maya. Sie besitzt die Fähigkeit der Erkenntnis und des Handelns. Sie identifiziert sich immer vollkommen mit dem Körper, den Sinnesorganen usw.

Sie ist ohne Anfang. Ihr charakteristisches Merkmal ist das Ich-Gefühl. Sie ist die Basis der menschlichen Individualität. Sie ist die Urheberin aller Handlungen und Unternehmungen. Unter dem Zwang der in vergangenen Leben hervorgerufenen Neigungen und Eindrücke vollbringt sie tugendhafte oder sündige Handlungen und erlebt deren Ergebnisse.

Sie sammelt Erfahrungen durch ihre vielen Geburten in höheren oder niederen Daseinsstufen. Die Zustände des Wachens und Träumens gehören zu dieser „Hülle des Intellekts". Sie erfährt Freude und Kummer.

Durch den Gedanken von „Ich" und „mein" identifiziert sich diese Hülle des Intellekts unaufhörlich mit dem Körper, den physischen Zuständen und den Pflichten, die zu diesen verschiedenen Zuständen und Lebensbedingungen gehören. Diese Hülle des Intellekts strahlt in einem hellen Licht, weil sie dem leuchtenden Atman nahe ist. Sie ist ein Kleid des Atman, aber der Mensch identifiziert sich mit diesem Kleid und durchwandert in dieser Täuschung den Kreislauf von Geburt, Tod und Wiedergeburt.

Der Atman, das reine Bewusstsein, ist das Licht, das im Schrein des Herzens strahlt, dem Zentrum aller Lebenskraft. Er ist unwandelbar, doch wird er zum „Handelnden“ und „Erfahrenden“, wenn er irrtümlicherweise mit der Hülle des Intellekts verwechselt wird.

Der Atman nimmt durch diese falsche Identifizierung die Begrenzung der Hülle des Intellekts an, die völlig verschieden von ihm ist. So glaubt sich der Mensch vom Atman getrennt, obgleich er selbst der Atman ist. So glaubt er sich von Brahman getrennt, der ein und derselbe Atman ist in allen Geschöpfen. Ebenso mag ein Unwissender meinen, ein Krug sei etwas anderes als der Ton, aus dem er hergestellt ist.

Der Atman ist seinem Wesen nach ewig unverändert und vollkommen. Aber er nimmt die Eigenschaften und das Wesen seiner Umhüllung an, weil er irrtümlicherweise mit diesen identifiziert wird. Feuer ist ohne Gewalt, aber es nimmt die Erscheinung des rotglühenden Eisens an.

Der Schüler:
Durch Täuschung oder aus einem anderen Grund erscheint der Atman als das individuelle Selbst. Diese irrtümliche Identifizierung hat keinen Anfang und kann folglich auch kein Ende haben.

So wird dieser Irrtum über das Wesen der individuellen Seele ewig währen und ihre Wanderung durch Geburt, Tod und Wiedergeburt für immer weitergehen. Wie kann es dann Befreiung geben? Würdet Ihr mir dies erklären, Meister?

Der Meister:
Deine Frage, du Besonnener, trifft den Kern. Darum höre mir aufmerksam zu. Was durch Täuschung heraufbeschworen wurde und nur in der Einbildung besteht, kann niemals als Tatsache gelten.

Seinem Wesen nach ist der Atman für immer bindungslos, jenseits von Handlung und ohne Form. Seine Identität mit Gegenständen ist eingebildet, nicht wirklich. Wir sagen: „der Himmel ist blau". Hat der Himmel eine Farbe?

Der Atman ist der Zuschauer jenseits aller Eigenschaften und jeder Handlung. Er kann unmittelbar als reines Bewusstsein und unendliche Glückseligkeit erfahren werden. Seine Erscheinung als individuelle Seele wird durch unsere trügerische Vorstellung verursacht und hat keine Wirklichkeit. Ihrem eigenen Wesen nach ist diese Erscheinung unwirklich. Wenn unsere Täuschung entfernt ist, hört sie auf zu existieren.

Die Erscheinung des Atman als individuelle Seele besteht nur solange wie diese Täuschung andauert, denn sie ist nur eine Irreführung unserer Erkenntnis. Solange unsere Täuschung währt, erscheint das Seil als Schlange. Wenn sie aufhört, endet das Dasein der Schlange.

Es ist wahr, dass die Unwissenheit und ihre Auswirkungen seit anfangloser Zeit bestehen. Die Unwissenheit aber endet, obwohl sie ohne Anfang ist, sobald die Erkenntnis dämmert. Sie wird mit Stumpf und Stiel vollkommen ausgerottet, wie die Träume verschwinden, wenn wir aufwachen. Wenn Etwas, das zuvor nicht existiert hat (die Erleuchtung), ins Dasein tritt, so heißt es, dass es seit anfangloser Zeit nicht existiert hat. Diese Nichtexistenz aber, anfanglos wie sie ist, endet im Augenblick, in dem dieses Ding in Erscheinung tritt. Es ist daher augenscheinlich, dass die Unwissenheit, obgleich anfanglos, nicht ewig ist.

Wie wir sehen, kann ein zuvor bestehender Zustand des Nichtseins enden, auch wenn er ohne Anfang ist. Das gleiche gilt für die Erscheinung eines individuellen Selbst. Diese Erscheinung beruht auf einer falschen Identifizierung des Atman mit dem Intellekt und den anderen Hüllen. Der Atman ist seinem Wesen nach völlig von diesen unterschieden und gesondert. Die Identifizierung des Atman mit dem Intellekt usw. wird durch Unwissenheit verursacht.

Diese falsche Identifizierung kann nur durch vollkommene Erkenntnis ausgeschaltet werden, und nach den offenbarten Schriften ist vollkommene Erkenntnis die Erfahrung der Einheit des Atman mit Brahman.

Diese Erkenntnis wird durch eine Unterscheidung zwischen dem Atman und dem Nicht-Atman erreicht. Darum sollte der Mensch sich immer in der Unterscheidung zwischen dem Atman und dem individuellen Selbst üben. So wie das schmutzige Gewässer durchsichtig wird, wenn der Schlamm weggespült ist, so erstrahlt der reine Glanz des Atman, wenn die Unreinheiten beseitigt worden sind.

Wenn das Dunkel der Unwirklichkeit schwindet, dann tritt der ewige Atman klar hervor. Darum sollte der Mensch danach trachten, den ewigen Atman aus den Unwirklichkeiten der Selbstsucht und der Täuschung zu befreien.

Die Hülle des Intellekts, über die wir sprachen, kann aus folgenden Gründen nicht der Atman sein: sie unterliegt Veränderungen; Intelligenz ist nicht ihr eingeborenes Wesen; sie ist endlich, ein Gegenstand der Erfahrung und vergänglich. Das Nicht-Ewige kann deshalb nicht der ewige Atman sein.

Die „Hülle der Seligkeit", die sich auf den Ich-Gedanken im Menschen bezieht, ist jene Hülle des Atman, die einen Abglanz des seligen Atman selbst empfängt. Und dennoch ist diese Hülle eine Schöpfung unserer Unwissenheit. Ihr Wesen besteht aus den verschiedenen Graden des Glücks, die das Erlangen eines erwünschten Objektes begleiten. Die Seligkeit dieser Hülle wird von den Gerechten unmittelbar erfahren, wenn sie die Früchte ihrer guten Taten ernten. Sie ist Ausdruck einer Freude, die alle lebenden Wesen ohne Anstrengung erfahren können.

Die Hülle der Seligkeit wird im Zustand des Tiefschlafes vollkommen offenbar und zum Teil im Wach- und Traumzustand erlebt, wenn wir uns eines gewünschten Gegenstandes erfreuen. Diese Hülle der Seligkeit kann aber aus folgenden Gründen nicht der Atman sein: sie hat Begrenzungen und wird durch Maya bewirkt; die Freude, die sie bringt, ist das Ergebnis guter Taten; sie ist von gleicher Art wie die anderen Hüllen, die alle aus Maya stammen.

Wenn wir über die Wahrheit der Schriften nachdenken und meditieren, indem wir alle fünf Hüllen der Unwissenheit überschreiten, erfahren wir das höchste Sein – den Atman, den Zuschauer, das unendliche Bewusstsein.

Der Atman leuchtet aus sich selbst und ist von den fünf Hüllen unterschieden. Er ist Zuschauer der drei Bewusstseinszustände. Er ist Sein ohne Wandel, rein und von immerwährender Glückseligkeit. Wer Unterscheidung übt, kann ihn als Atman im eigenen Inneren erfahren.

Der Schüler:
Wenn wir diese fünf Hüllen als unwirklich verwerfen, dann scheint meiner Meinung nach nichts als Leere zurückzubleiben. Wie kann es dann ein Sein geben, das der Weise als eins mit dem Atman erfährt? Lehre mich dies, Meister!

Der Meister:
Eine gute Frage, du Besonnener! Dein Einwurf ist klug. Trotzdem muss es eine Existenz, eine Wirklichkeit geben, die den Ich-Gedanken und seine Umhüllungen wahrnimmt und auch die Leere wahrnimmt, die deren Abwesenheit bedeutet. Diese Wirklichkeit an sich selbst ist nicht wahrzunehmen. Schärfe dein Unterscheidungsvermögen, damit du diesen Atman erkennst, der der Wissende ist.

Der Erfahrende ist seiner selbst bewusst. Ohne einen Erfahrenden kann es kein Selbst-Bewusstsein geben.

Der Atman ist sein eigener Zuschauer, da er seiner selbst bewusst ist. Der Atman ist nichts anderes als Brahman.

Der Atman ist reines Bewusstsein und liegt ganz offensichtlich den Zuständen des Wachens, Träumens und des traumlosen Schlafes zugrunde. Er wird innerlich erfahren als ununterbrochenes Selbst-Bewusstsein, als das Bewusstsein „Ich bin ich". Er ist der wandellose Zuschauer, der das Ich erfährt, den Intellekt und alles andere in seinen verschiedenen Formen und Verwandlungen. Er wird im eigenen Herzen als Absolutes Sein, Absolute Erkenntnis und Absolute Glückseligkeit erfahren. Erkenne diesen Atman im Schrein deines Herzens.

Der Narr sieht die Widerspiegelungen der Sonne im Wasser einer Schale und hält sie für die wirkliche Sonne. In Täuschung befangen hält der unwissende Mensch die Widerspiegelung des reinen Bewusstseins auf seinen Hüllen irrtümlicherweise für das wirkliche Selbst.

Wenn du die Sonne anschauen willst, musst du die Augen von der Schale, dem Wasser und der Widerspiegelung der Sonne im Wasser fortwenden. Die Weisen wissen, dass diese drei nur durch die Widerspiegelung der aus sich selbst leuchtenden Sonne offenbar werden. Sie sind nicht die Sonne selbst.

Der Körper, die Hülle des Intellekts und die Widerspiegelung des Bewusstseins auf ihr sind alle nicht der Atman. Der Atman ist der Zuschauer, das unendliche Bewusstsein. Er offenbart alle Dinge, aber er ist von allen Dingen verschieden, ob sie grobstofflich oder feinstofflich sind. Er ist die ewige Wirklichkeit, allgegenwärtig, alles durchdringend, das Feinste von allem Subtilen. Er hat weder Innen noch Außen. Er ist das wirkliche Selbst, im Schrein des Herzens verborgen. Erfahre ganz die Wahrheit des Atman.

Befreie dich vom Bösen und von der Unreinheit. Dann wirst du den Tod überwinden.

Erkenne den Atman, lasse alle Sorgen hinter dir, dann gelangst du zu der Quelle der Freude. Im Licht dieser Erkenntnis hast du nichts mehr zu fürchten. Wenn du Befreiung finden willst, so gibt es keinen anderen Weg, um die Fesseln der Widergeburt zu sprengen.

Was kann die Bindungen und das Elend dieser Welt aufheben? Die Erkenntnis, dass der Atman Brahman ist. Durch diese erfährst du Es, das Eine ohne ein Zweites, das die ewige Glückseligkeit ist. Erfahre Brahman und du musst nicht wieder zur Welt zurückkehren, zu dieser Wohnstätte der Sorgen. Erfahre ohne Einschränkung, dass der Atman Brahman ist.

Dann hast du Brahman für immer gewonnen. Es ist die Wahrheit. Es ist Sein und Erkenntnis. Es ist absolut. Es ist rein und besteht aus sich selbst. Es ist ewig, nie endende Freude. Es ist nichts anderes als der Atman.

Der Atman ist eins mit Brahman: dies ist die höchste Wahrheit. Brahman allein ist wirklich. Es gibt nichts anderes als Brahman. Wenn Es als die höchste Wirklichkeit erkannt worden ist, existiert nichts anderes als Brahman.

Brahman ist die Wirklichkeit – das einzige Sein, vollkommen unabhängig von menschlichen Gedanken oder Ideen. Nur die Unwissenheit unseres menschlichen Verstehens sieht das Weltall aus verschiedenen Formen zusammengesetzt. Es ist nichts als Brahman.

Ein aus Ton geformter Krug ist nichts anderes als Ton. Sein Material ist Ton. Die Gestalt des Kruges hat keine unabhängige Existenz. Was also ist der Krug? Nur ein erfundener Name.

Die Gestalt des Kruges kann nicht ohne den Ton wahrgenommen werden. Was also ist der Krug? Eine Erscheinung. Die Wirklichkeit ist der Ton selbst.

Dieses Weltall ist eine Auswirkung Brahmans und kann niemals etwas anderes als Brahman sein. Außerhalb von Brahman besteht es nicht. Es gibt nichts neben Brahman. Wer behauptet, dieses Weltall habe ein unabhängiges Dasein, ist noch der Täuschung unterworfen und gleicht einem Menschen, der im Traum spricht.

„Das Weltall ist Brahman", sagt der große Seher des Atharva Veda. So ist das Weltall nichts anderes als Brahman. Es überdeckt Brahman. Es besitzt kein gesondertes Sein abgelöst von diesem seinem Grund.

Wenn das Weltall wie wir es sehen wirklich wäre, dann würde die Erkenntnis des Atman nicht unsere Täuschung beenden. Dann sprächen die Schriften nicht die Wahrheit. Dann wären die Offenbarungen der großen göttlichen Inkarnationen sinnlos. Kein denkender Mensch kann diese Alternative für wünschenswert oder segensreich halten.

Shri Krishna, der menschgewordene Gott, der das Geheimnis aller Wahrheiten kennt, sagt in der Gita: „Ich selbst bin in keinem Geschöpf, doch alle Geschöpfe sind in mir. Ich meine aber nicht, dass sie körperlich in mir sind. Das ist mein göttliches Geheimnis. Mein Sein erhält alle Geschöpfe und führt sie zur Geburt. Doch hat es keine körperliche Berührung mit ihnen."

Wäre dieses Weltall wirklich, so würden wir es im Tiefschlaf weiter wahrnehmen. Hier aber nehmen wir nichts wahr. Folglich ist es unwirklich wie unsere Träume.

Gesondert vom Atman besteht das Weltall nicht. Dass es unserer Wahrnehmung erscheint, als habe es eine unabhängige Existenz, ist eine Täuschung, ebenso wie unsere Wahrnehmung der blauen Farbe am Himmel. Wie kann eine Eigenschaft, die über eine andere gelegt wird, ohne dieses Zugrundeliegende bestehen? Nur unsere Täuschung verursacht dieses Missverständnis der zugrundeliegenden Wirklichkeit.

Gleichgültig, was ein in Täuschungen befangener Mensch seiner Meinung nach wahrnimmt: in Wirklichkeit sieht er nur Brahman und nichts anderes. Er sieht Perlmutt und hält es für Silber. Er sieht Brahman und hält es für das Weltall. Aber dieses Weltall, das Brahman überdeckt, ist nichts anderes als ein Name.

Brahman ist das Höchste. Brahman ist die Wirklichkeit – das Eine ohne ein Zweites. Es ist reines Bewusstsein, frei von jeder Färbung. Es ist die Ruhe selbst. Es hat weder Anfang noch Ende. Es ist keinem Wandel unterworfen. Es ist immerwährende Freude.

Brahman übersteigt die Erscheinung der Vielfalt, die Mayas Werk ist. Es ist ewig, für immer jenseits von Leid, nicht teilbar, nicht zu messen. Es ist ohne Gestalt, ohne Namen, einheitlich, unveränderlich. Es strahlt mit seinem eigenen Licht. Jede Erfahrung, die dieses Weltall zu bieten hat, ist Brahman.

Die erleuchteten Seher erkennen Brahman als höchste, unendliche, absolute, ungeteilte Wirklichkeit, als reines Bewusstsein. In Ihm erfahren sie, dass der Wissende, das Wissen und das Gewusste eins geworden sind.

Die Erleuchteten kennen Brahman als die Wirklichkeit, die weder beiseitegeschoben (denn Es ist immer gegenwärtig in der menschlichen Seele) noch erfasst werden kann (da Es jenseits von Gedanke und Wort ist). Sie wissen, dass Es unmessbar, ohne Anfang, endlos, erhaben in seinem Glanze ist. Sie verwirklichen die Wahrheit des „Ich bin Brahman".

Die Schriften behaupten die absolute Identität von Brahman und dem Atman, indem sie immerfort wiederholen: „Das bist Du". Hier sind die Namen Brahman und Atman in ihrem eigentlichen Sinn gebraucht, wobei sich Brahman auf „Das" und Atman auf „Du" bezieht.

In ihrer oberflächlichen wörtlichen Bedeutung haben „Brahman" und „Atman" entgegengesetzte Eigenschaften, so wie Sonne und Glühwürmchen, König und Diener, das Meer und ein Brunnen, der Berg Meru und das Atom. Ihr Wesen ist nur dann zu fassen, wenn sie in ihrer wahren

Bedeutung, nicht in einem oberflächlichen Sinn verstanden werden.

Wird „Brahman" auf Gott, den Herrn der Maya, den Schöpfer des Weltalls bezogen, „Atman" aber auf die individuelle Seele mit ihren fünf Hüllen, die durch Maya entstehen, dann besitzen beide entgegengesetzte Eigenschaften. Dieser scheinbare Gegensatz aber wird durch Maya und ihre Wirkungen hervorgerufen. Er ist daher nicht wirklich, sondern nur Überdeckung.

Die Eigenschaften, die durch Maya und ihre Auswirkungen hervorgerufen werden, projiziert unsere Unwissenheit auf Gott und die individuelle Seele. Nachdem sie vollkommen entfernt sind, bleibt weder Seele noch Gott übrig. Nimmt man dem König sein Königreich und dem Soldaten seine Waffen, dann gibt es weder König noch Soldat.

Die Schriften verwerfen jeden Gedanken einer Dualität in Brahman. Der Mensch sollte Erleuchtung suchen durch Erkenntnis Brahmans, wie es die Schriften lehren. Dann schwinden die Eigenschaften, mit der unsere Unwissenheit Brahman überdeckt.

„Brahman ist weder das grobstoffliche noch das feinstoffliche Weltall. Die Welterscheinung wird aus Unwissenheit durch unsere Einbildung hervorgerufen. Sie ist nicht wirklich. Es ist dasselbe, wie wenn man eine Schlange an Stelle eines Seils sieht. Es ist ein vorübergehender Traum." So sollte der Mensch Unterscheidung üben und sich vom Bewusstsein einer objektiven Welt befreien. Dann mag er über die Identität von Brahman und Atman meditieren und so die Wahrheit erfahren.

Durch Unterscheidung kann er die wahre innere Bedeutung der Begriffe „Brahman“ und „Atman“ erkennen und ihre absolute Identität erfahren. Erkenne die Wirklichkeit in beiden und du wirst sie als Einheit sehen.

Wenn ich sage: „Dieser Mann ist derselbe Devadatta, den ich vor kurzem traf“, so stelle ich die Identität seiner Person fest, indem ich die Eigenschaften außer Acht lasse, die seine Identität durch die Umstände unserer früheren Begegnung überdeckt hatten. In gleicher Weise müssen wir die dem „Das“ und „Du“ überdeckten Eigenschaften außer Acht lassen, wenn wir die Worte der Schrift „Das bist Du“ betrachten. Die Weisen, die wahre Unterscheidung kennen, verstehen, dass das Wesen von Brahman wie das des Atman reines Bewusstsein ist und erfahren die absolute Identität beider. Hunderte von heiligen Texten bestätigen sie.

Gib die falsche Vorstellung auf, der Atman sei dieser Körper, dieses Phantom. Meditiere über die Wahrheit, dass der Atman „weder grobstofflich noch feinstofflich, weder klein noch groß ist“, dass er aus sich selbst existiert, frei ist wie der Himmel und von keinem Gedanken erfasst werden kann. Reinige dein Herz, bis du erkennst: Ich bin Brahman! Erfahre deinen eigenen Atman, das reine unendliche Bewusstsein.

Ebenso wie ein Krug oder Gefäß aus Ton nichts anderes ist als Ton, so ist das Wesen dieses ganzen aus Brahman geborenen Weltalls nur Brahman. Denn es gibt nichts anderes als Brahman, nichts jenseits des „Das“. „Das“ ist die Wirklichkeit, „Das“ ist unser Atman.

Deshalb heißt es: „Das bist Du“, das reine, selige, höchste Brahman, das Eine ohne ein Zweites.

Du magst von Ort, Zeit, Gegenständen, Menschen und anderem träumen. Diese alle aber sind unwirklich. In deinem Wachzustand erfährst du die Welt, doch diese Erfahrung entstammt deiner Unwissenheit. Sie ist ein verlängerter Traum und deshalb unwirklich. Ebenso unwirklich ist dieser Körper, seine Organe, dieser Lebensatem, dieser Ich-Gedanke. Deshalb heißt es: „Das bist Du“, das reine, selige, höchste Brahman, das Eine ohne ein Zweites.

Durch Täuschung magst du ein Ding für ein anderes halten. Sobald du aber sein wirkliches Wesen kennst, besteht nur noch dieses und nichts anderes. Wenn der Traum abbricht, verschwindet die Traum-Welt. Erscheint es dir beim Erwachen, dass du ein anderer bist als du selbst?

In Brahman existiert keine Kaste, keine Religion, keine Abstammung. Brahman hat weder Namen noch Gestalt. Es überschreitet Verdienst und Schuld. Es ist jenseits von Zeit und Raum und von den Gegenständen der Sinneserfahrung. Das ist Brahman, und „Das bist Du“. Meditiere über diese Wahrheit.

Brahman ist das höchste, jenseits von Worten. Doch das Auge reiner Erleuchtung kann Es erschauen. Es ist reines absolutes Bewusstsein, die ewige Wirklichkeit. Das ist Brahman, und „Das bist Du“. Meditiere über diese Wahrheit.

Brahman ist unberührt von den sechs Wellen: Hunger, Durst, Gram, Täuschung, Verfall und Tod, die das Meer der Weltlichkeit aufwühlen. Wer Vereinigung mit Ihm sucht, muss über Es im Schrein seines Herzens meditieren. Es ist jenseits des Bereiches der Sinne. Der Intellekt kann Es nicht verstehen, Es ist jenseits des Bereiches des Denkens. Das ist Brahman, und „Das bist Du“. Meditiere über diese Wahrheit.

Brahman ist der Grund, auf dem dieses vielfältige Weltall, die Schöpfung der Unwissenheit, zu ruhen scheint. Es ruht auf sich selbst. Es ist weder das grobstoffliche noch das feinstoffliche Weltall. Es ist unteilbar, jenseits von Vergleichen. Das ist Brahman, und „Das bist Du“. Meditiere über diese Wahrheit.

Brahman ist frei von Geburt, Wachstum, Veränderung, Verfall, Krankheit und Tod. Es ist ewig. Es ist die Ursache der Entfaltung des Weltalls, seine Erhaltung und seine Auflösung. Das ist Brahman, und „Das bist Du“. Meditiere über diese Wahrheit.

Brahman kennt weder Unterscheidung noch Tod. Es ist ruhig wie die Weite des wellenlosen Meeres. Es ist ewig frei und ungeteilt. Das ist Brahman und „Das bist Du“. Meditiere über diese Wahrheit.

Trotz seiner Einheit ist Es die Ursache der Vielfalt. Es ist die eine und einzige Ursache, neben der es keine andere Ursache gibt. Es hat keine andere Ursache als sich selbst und ist unabhängig von dem Gesetz von Ursache und Wirkung. Es steht allein. Das ist Brahman, und „Das bist Du“. Meditiere über diese Wahrheit.

Es ist unveränderlich, unendlich, unvergänglich, jenseits von Maya und ihrem Spiel. Es ist ewige, unsterbliche Seligkeit. Es ist rein. Das ist Brahman, und „Das bist Du". Meditiere über diese Wahrheit.

Es ist die eine Wirklichkeit, die unserer Unwissenheit als vielfältiges Weltall von Namen, Gestalten und Veränderungen erscheint. So wie das Gold, aus dem allerlei Schmuckstücke gemacht werden, bleibt Es in sich selbst unverändert. Das ist Brahman, und „Das bist Du". Meditiere über diese Wahrheit.

Nichts ist jenseits von Brahman. Es ist größer als das Größte. Es ist das innerste Selbst, die nie endende Freude in uns. Es ist Absolutes Sein, Absolute Erkenntnis und Absolute Glückseligkeit. Es ist ohne Ende, ewig. Das ist Brahman, und „Das bist Du". Meditiere über diese Wahrheit.

Meditiere über diese Wahrheit, indem du, von deiner Vernunft und deinem Intellekt unterstützt, den Worten der Schrift folgst. So wirst du, von Zweifeln und Verwirrung befreit, die Wahrheit Brahmans erfahren. Diese Wahrheit wird dir so klar sein wie Wasser in deiner Hand.

Wie ein König deutlich unter seiner Armee erkennbar ist, so erkenne Brahman als reines Bewusstsein, verschieden von aller Unvollkommenheit. Verweile für immer im Atman. Lass diese Erscheinungswelt sich in Brahman auflösen.

Brahman, das ewige Sein, das Erhabene, das Eine ohne ein Zweites, das jenseits ist von den grobstofflichen oder feinstofflichen Aspekten dieses Weltalls, wohnt im Schrein des Herzens. Der Mensch, der in diesem Schrein verweilt, mit Brahman vereint, ist nicht mehr Tod und Wiedergeburt unterworfen.

Man kann die Wahrheit Brahmans intellektuell verstehen. Das Ich-Gefühl aber ist tief verwurzelt und mächtig, da es seit anfangloser Zeit besteht. Es schafft den Eindruck: „Ich bin der Handelnde und der Erfahrende." Dieser Eindruck bewirkt unsere Bindung an Tod und Wiedergeburt. Es kann nur überwunden werden durch den ernsthaften Versuch, in immerwährender Vereinigung mit Brahman zu verharren. Die Weisen beschreiben den Befreiten als ledig aller dieser Eindrücke und somit auch der Begierden, die diese Eindrücke wachrufen.

Unwissenheit verursacht unsere Identifizierung mit dem Körper, mit den Sinnesorganen und allem anderen, das nicht der Atman ist. Der ist weise, der diese Unwissenheit durch Hingabe an den Atman überwindet.

Erkenne einen wahren Atman als den Zuschauer aller deiner Denkvorgänge und von den Gedankenschwingungen, die in ihnen erwachen. Erwecke unermüdlich nur die eine Gedankenschwingung: „Ich bin Brahman." So wirst du dich von der Identifizierung mit dem Nicht-Atman freimachen.

Höre auf, dem Weg der Welt zu folgen. Höre auf, dem Weg des Fleisches nachzugehen. Höre auf, den Weg der Tradition zu gehen. Schüttle diese falsche Identifizierung ab und erkenne den wahren Atman.

Wer dem Weg der Welt, des Fleisches und der Tradition folgt, wird die Erkenntnis der Wirklichkeit nicht in sich erwecken. Die Weisen nennen diesen dreifachen Weg eine eiserne Kette, die die Füße des Menschen bindet, der dem Gefängnis dieser Welt zu entrinnen sucht. Wer diese Kette abwirft, erlangt Befreiung.

Wenn man Sandelholz in schmutziges Wasser taucht, wird sein köstlicher Duft vom schlechten Geruch des Schmutzes überwältigt. Doch sobald man das Sandelholz wieder abreibt, vergeht der schlechte Geruch und die Luft ist voll himmlischen Duftes. Der süße Wohlgeruch des Atman wird überwältigt von dem üblen Geruch zahlloser niedriger Triebe, die wir wie Schmutz in uns tragen. Wie Sandelholz aber wird sein Duft die Luft erfüllen, wenn er durch immerwährendes Denken: „Ich bin Brahman" gereinigt ist.

Der süße Wohlgeruch des Atman wird überwältigt von unzähligen Sinnesbegierden. Diese Wünsche können durch die Hingabe an den Atman vernichtet werden. Dann wird das Licht des Atman offenbar.

Wenn sich das Denkorgan allmählich dem Atman zuneigt, befreit es sich nach und nach von dem Verlangen nach den Gegenständen der Sinneswahrnehmung. Wenn es sich von allen Wünschen befreit hat, dann ist die Schau des Atman nicht mehr verdeckt.

Stetige Hingabe an den Atman reinigt das Denken. Alle sinnlichen Begierden verschwinden. Strebe darum nach der Zerstörung dieser Täuschung.

Tamas wird durch Rajas und Sattva überwunden, Rajas durch Sattva, und Sattva ist überwunden, wenn der reine Atman aufleuchtet. Darum verharre in Sattva und suche diese Täuschung zu vernichten.

Verharre in dieser Hingabe und wisse, dass der Körper solange weiterleben wird, als er nötig ist. Suche mit Geduld und Ausdauer diese Täuschung zu vernichten.

Denke: „Ich bin Brahman, ich bin nicht die individuelle Seele", und verwirf alles, was nicht der Atman ist. Suche hierdurch diese Täuschung zu vernichten, die in der Vergangenheit durch dein Verlangen nach den Dingen der Sinne entstanden ist.

Lerne die Wahrheit aus den Schriften und denke über sie nach. Dann wisse aus eigener unmittelbarer Erfahrung, dass der Atman in dir der Atman in allem ist. Strebe so danach, diese Täuschung bis auf die letzte Spur zu vernichten.

Der Weise kümmert sich nicht im geringsten um Verdienen oder Ausgeben. Darum suche diese Täuschung durch immerwährende, stetige Hingabe an Brahman zu vernichten.

Meditiere über die Wahrheit „Das bist Du", und erfahre die Identität von Atman und Brahman. Suche die Täuschung zu vernichten und verharre in dem Wissen, dass Atman und Brahman eins sind.

Mit Wachsamkeit und Konzentration musst du danach streben, diese Täuschung zu zerstreuen, bis die Identifizierung des Atman mit diesem Körper vollkommen aufgehört hat.

Selbst wenn du eine Stufe erreicht hast, auf der das Weltall und seine Geschöpfe dir nur noch als Traumbilder, nicht mehr als Wirklichkeit erscheinen, musst du, O Besonnener, dennoch unaufhörlich weiterstreben, diese Täuschung zu vernichten.

Vergeude nicht einen Augenblick mit weltlichen Dingen oder Sinnesreizen. Erinnere dich, selbst im Schlaf, an Brahman. Meditiere über den Atman in deinem eigenen Herzen.

Höre auf, dich mit diesem vergänglichen physischen Körper zu identifizieren, der aus dem Fleisch von Vater und Mutter geboren ist. Betrachte ihn als unrein, als einen Verworfenen. Erlange das Ziel des Lebens, indem du deine Einheit mit Brahman verwirklichst.

Die Luft in einem Krug ist die gleiche wir überall. Ebenso ist dein Atman eins mit Brahman, du Besonnener, verliere jeden Sinn für Gesondertheit und gehe in das Schweigen ein.

Erfahre, dass du eins bist mit dem aus sich selbst leuchtenden Brahman, dem Grund allen Seins. Verwirf das physische Weltall und den Körper, als seien sie Gefäße voller Schmutz.

Das Ich-Bewusstsein ist jetzt im Körper verwurzelt. Schmelze es in den Atman ein, das Absolute Sein, die Absolute Erkenntnis und die Absolute Seligkeit.

Das Bewusstsein des feinstofflichen Körpers ist eine ebensolche Begrenzung. Wirf auch sie von dir. Bleibe für immer mit dem Atman vereint.

Die Fata Morgana des Weltalls ist in Brahman widergespiegelt, wie das Spiegelbild einer Stadt in einem Spiegel. Wisse „Ich bin Brahman", und du wirst das Ziel des Lebens erlangen.

Der Atman ist die Wirklichkeit. Es ist dein wahres ursprüngliches Selbst. Er ist reines Bewusstsein, das Eine ohne ein Zweites, Absolute Seligkeit. Erfahre deine Identität mit ihm. Höre auf, dich mit den Hüllen der Unwissenheit zu identifizieren, sie sind wie die Masken eines Schauspielers.

Die Welt der Erscheinungen ist in der Tat unwirklich. Der „Ich"-Gedanke muss ebenso unwirklich sein, da wir sein Kommen und Gehen beobachten können. Aber wir sind uns ebenso bewusst, Zuschauer zu sein, der Wissende in allem. Dieses Bewusstsein gehört nicht zu dem Ich-Gedanken und zu den anderen Wahrnehmungen, die jeweils nur für einen Augenblick bestehen.

Der Atman schaut dem Ich und allem anderen zu. Er ist immer gegenwärtig, selbst im tiefen Schlaf. Die Schriften lehren auch, dass der Atman nicht geboren und unsterblich sei. Darum ist er von den grobstofflichen wie feinstofflichen Hüllen unterschieden.

Der Atman muss notwendigerweise unveränderlich und ewig sein, da er der um alle Veränderungen Wissende ist. Die Nichtigkeit der grobstofflichen wie feinstofflichen Hüllen kann immer wieder erfahren werden, wenn wir träumen oder in Tiefschlaf verfallen.

Höre darum auf, dich mit diesem Klumpen Fleisch, mit deinem grobstofflichen Körper und mit dem Ich, der feinstofflichen Hülle, zu identifizieren. Beide sind nur Täuschung. Erkenne deinen Atman, das reine unendliche Bewusstsein, das ewig besteht in Vergangenheit, Gegenwart und Zukunft. So wirst du Frieden finden.

Höre auf dich mit Rasse, Familie, Namen, Gestalt und sozialer Stellung zu identifizieren. Diese gehören zum Körper, dem Kleid der Vergänglichkeit. Gib auch den Gedanken auf, du seist der Handelnde oder Denkende. Handlungen und Gedanken gehören zum Ich, der feinstofflichen Hülle. Erkenne, dass du das Sein bist, das ewige Freude ist.

Das menschliche Leben der Gebundenheit an die Welt von Geburt und Tod hat viele Ursachen. Die Wurzel ist das Ich, das erstgeborene Kind der Unwissenheit.

Solange sich der Mensch mit diesem elenden Ich identifiziert, kann es keine Möglichkeit der Befreiung geben. Denn diese ist sein genauer Gegensatz.

Einmal befreit von diesem überschattenden Dämon des Ich, gewinnt der Mensch sein wahres Wesen zurück, so wie der Mond wieder scheint, wenn das Dunkel der Mondfinsternis vorbeigegangen ist. Er wird rein, unendlich, ewig selig und aus sich selbst leuchtend.

Wenn das Denkorgan des Menschen von äußerster Unwissenheit überwältigt ist, erschafft es den Ich-Gedanken durch seine Identifizierung mit den Hüllen. Wenn das Ich vollkommen vernichtet ist, wird das Denkorgan von allen Hindernissen befreit, die sein Wissen um seine Einheit mit Brahman verdunkeln.

Das Ich ist eine große tödliche Schlange. Die Gunas sind ihre drei bösen, geblähten Hauben. Sie liegt zusammengerollt um den Schatz der Seligkeit Brahmans, den sie selbstsüchtig bewacht. Der Weise, der von den heiligen Schriften inspiriert ist, schlägt die drei Hauben mit dem Schwert der Erkenntnis ab und vernichtet die Schlange vollkommen. So erfreut er sich des Schatzes der höchsten Seligkeit.

Es gibt keine Hoffnung auf Gesundung des Menschen, wenn noch eine Spur von Gift in seinem Körper zurückbleibt. Ebenso kann der geistig Suchende nicht Befreiung erlangen, solange noch eine Spur des Ich in ihm fortwirkt.

Vernichte das Ich bis auf den Grund. Beherrsche die vielen Wellen der Zerstreuung, die es im Denkorgan aufrührt. Unterscheide die Wirklichkeit und erfahre: „Ich bin Das".

Du bist reines Bewusstsein, der Zuschauer aller Erfahrungen. Dein wahres Wesen ist Freude. Höre noch in diesem Augenblick auf, dich mit dem Ich zu identifizieren, dem Handelnden, der von der Unwissenheit erschaffen ist. Seine Vernunft ist nur ein Schein, eine Widerspiegelung des Atman, des reinen Bewusstseins. Es raubt dir den Frieden und die Freude im Atman. Durch seine Identifizierung mit ihm hast du dich in das Netz der Welt, in das Elend von Geburt, Verfall und Tod verstrickt.

Du bist der Atman, das unendliche Sein, das reine unwandelbare Bewusstsein, das alles durchdringt. Dein Wesen ist

Seligkeit, dein Glanz ist ohne Trübung. Weil du dich mit dem Ich identifizierst, bist du an Geburt und Tod gebunden. Deine Bindung hat keine andere Ursache.

Dieses Ich ist dein Feind. Es gleicht der Gräte, die im Hals des Essenden stecken bleibt. Vernichte diesen Feind durch das scharfe Schwert der Erkenntnis und genieße frei die unbeschränkte Herrschaft über dein eigenes Königreich, die Seligkeit des Atman.

Halte alle Tätigkeiten des Ich und die darin eingeschlossene Ichsucht in Schach. Erlange die höchste Wirklichkeit und sei frei von Lust. Verharre in Schweigen und erfreue dich der Seligkeit des Atman. Verliere alles Gefühl der Gesondertheit und erfahre in Brahman dein unendliches Wesen.

Dieses mächtige Ich kann bis auf die Wurzeln abgeschnitten werden. Doch wenn die Gedanken es auch nur einen Augenblick ernähren, wird es wieder lebendig und richtet hundertfaches Unheil an. Es gleicht einer vom Wind gepeitschten Wolke in der Regenzeit.

Besiege diesen Feind, das Ich. Gib ihm keine Nahrung, indem du deine Gedanken auf den Gegenständen der Sinne ruhen lässt. Solche Gedanken beleben das Ich, so wie Wasser einen verdorrenden Zitronenbaum neu belebt.

Wenn du dich mit dem Körper identifizierst, erwacht Lust in dir. Befreie dich vom Körper-Bewusstsein und du wirst frei sein von Lust. Solange du dem Ich verhaftet bleibst, das dich von Brahman trennt, wirst du den Sinnesfreuden nachjagen. Dies ist der Grund für deine Bindung an Geburt und Tod.

Je mehr der Mensch sein Verlangen in der Welt der Objekte befriedigt, umso mehr wachsen seine Begierden. Doch wenn er sie zügelt und ihnen keine Befriedigung mehr gibt, dann wird der Samen des Verlangens zerstört. Darum suche Selbstbeherrschung.

Wenn das Verlangen stärker wird, geht die Selbstbeherrschung verloren. Dadurch wächst das Verlangen noch mehr als zuvor. Ein Mensch, der ohne Selbstbeherrschung lebt, wird niemals dem Rad von Geburt und Tod entrinnen.

Das Verlangen wird noch stärker, wenn unsere Gedanken auf den Gegenständen der Sinneswahrnehmung ruhen und in der Welt der Objekte vorübergehende Befriedigung suchen. Um die Kette der Geburt und des Todes zu durchbrechen, muss der geistige Sucher diese beiden Ursachen des Verlangens bis auf den Grund niederbrennen.

Die Begierden, die auf diese beiden Weisen genährt werden, binden an das Rad von Geburt und Tod. Aber es gibt einen Weg, diese Dreiheit, das Verlangen und seine Ursachen, zu zerstören. Unter allen Umständen musst du überall, immer und in jeder Hinsicht alles als Brahman, einzig und allein als Brahman betrachten. Stärke deinen Willen, die Wirklichkeit zu erkennen, und diese Dreiheit wird dich auflösen.

Höre auf, dein Sinnesverlangen in der Welt der Objekte zu stillen. Dann wirst du nicht mehr an die Gegenstände der Sinneslust denken; dann wird deine Begierde vernichtet. Wenn alle Begierden verschwunden sind, bedeutet dies Befreiung – Befreiung noch in diesem Leben.

Wie die undurchdringliche Dunkelheit im strahlenden Glanz der aufsteigenden Sonne vollkommen schwindet, so wird der Durst nach Leben im Ich-Bewusstsein vollkommen schwinden, wenn die Sehnsucht nach der Erkenntnis der Wirklichkeit stark wird. Wenn der Herr des Lichts aufsteigt, vergeht die Finsternis mit ihrem Netz des Bösen. Wenn die absolute Seligkeit erfahren wird, gibt es keine Bindung mehr und keine Spur von Kummer.

Lass diese Welt der Objekte aus deinen Gedanken weichen. Lass dein Denkorgan in der Wirklichkeit verharren, die voller Freude ist. Gleichgültig, ob du äußere Erscheinungen betrachtest oder im eigenen Inneren meditierst: gehe ganz in Brahman auf. Auf diese Weise verbringe deine Zeit, bis die Rückstände deiner früheren Karmas sich ausgewirkt haben.

Lasse nicht nach in deiner Hingabe an Brahman. Nachlassen in der Übung der Erinnerung ist Tod. So lehrt es der Seher Sanatkumar, Brahmas Sohn.

Für einen geistig Suchenden gibt es kein schlimmeres Übel als Nachlassen in der Erinnerung. Hieraus entsteht Täuschung. Aus Täuschung stammt der Ich-Gedanke. Das Ich schafft die Bindung und diese bringt Elend.

Ein Mensch mag gelehrt sein. Doch wenn er in der Übung der Erinnerung nachlässt, wird er sich den Verlockungen der Sinne zuwenden. Sinnliche Gedanken werden ihn verführen, wie eine Buhle ihren Liebhaber verführt.

Wenn das Schilf auf der Oberfläche eines Teiches auseinandergebogen wird, schließt es sich sogleich wieder. So schließt sich Maya selbst um einen Weisen zusammen, wenn er nachlässt in der Übung der Erinnerung.

Wenn sich das Denken von Brahman abwendet und auch nur im geringsten vom sinnlichen Reiz der Außenwelt gefangen wird, geht es, durch Vernachlässigung der Übung der Erinnerung, immer weiter abwärts mit ihm, wie mit einem Ball, der eine Treppe herunterrollt.

Wenn das Denken auf die Gegenstände der Sinne gerichtet ist, beschäftigt es sich mit den Freuden, die von diesen stammen. Solchen Gedanken nachgehen erregt Verlangen. Dieses treibt den Menschen zur Befriedigung seiner Begierde.

Für einen Menschen, der Unterscheidung übt und Brahman kennt, ist die Gefahr, dass er in der Übung der Erinnerung nachlässt, schlimmer als der Tod. Der Mensch, der in Erinnerung verharrt, erlangt Befreiung. Darum gib dir die größte Mühe, im Atman verankert zu bleiben.

Durch Nachlassen der Erinnerung wird der Mensch von der Wahrnehmung seines göttlichen Wesens fortgezogen. Diese Ablenkung bringt ihn zu Fall und der Fallende stürzt in seinen Untergang. Für ihn ist es sehr schwer, wieder aufzustehen.

Höre darum auf, dich im Geist mit den Dingen der Sinneswahrnehmung zu beschäftigen. Dies ist die Wurzel allen Übels. Wer in diesem Leben Befreiung erlangt hat, ist auch frei, wenn er seinen Körper aufgibt. Der Yajur-Veda lehrt, der Mensch sei so lange der Furcht unterworfen, wie er noch den geringsten Unterschied zwischen sich und dem unendlichen Brahman sieht.

Wenn er trotz seines Unterscheidungsvermögens noch den geringsten Unterschied zwischen sich und dem unendlichen Brahman sieht, wird Furcht in ihm aufsteigen. Solchen Unterschied sieht er nur aus Unwissenheit.

Vernunft, heilige Tradition und Hunderte von heiligen Schriften erklären, dass das Weltall der Objekte kein wirkliches Sein besitzt. Wer sich mit ihm identifiziert, sammelt Sorgen auf Sorgen.

Wer sich der Betrachtung der Wirklichkeit hingibt, erlangt Befreiung und den ewigen Glanz des Atman. Der aber, dessen Gedanken auf das Unwirkliche gerichtet sind, wird sich verlieren.

Der geistig Suchende muss aufhören, dem Unwirklichen nachzujagen, das Bindungen schafft. Er muss in der Schau des Atman verharren und sich erinnern: „Dieser Atman bin ich selbst. "Unerschütterliche Hingabe an Brahman und Meditation über die eigene Identität mit Brahman bringt Freude und löscht die unmittelbare Erfahrung des Leidens aus, die Unwissenheit verursacht.

Das Jagen nach Gegenständen der Sinnesfreuden hat Vermehrung unserer bösen Neigungen zur Folge, die sich immer mehr verstärken. Durch Unterscheidung müssen wir dies erkennen und die Gedanken an Gegenstände der sinnlichen Wahrnehmung vermeiden.

Beschäftige dich unaufhörlich mit Meditation über den Atman. Weigere dich, deine Gedanken auf Gegenstände der Sinneswahrnehmung zu richten und Frieden wird in deinem Herzen wachsen. Wenn im Herzen Frieden ist, erscheint die Vision des Atman. Wenn der Atman unmittelbar erkannt worden ist, zerreißt die Bindung an diese Welt. Darum ist die Abweisung aller Gedanken der Sinnesbefriedigung der Pfad zur Befreiung.

Wie kann ein Mensch, der gelehrt ist und fähig, zwischen Wirklichem und Unwirklichem zu unterscheiden, der überzeugt ist von der Autorität der Schriften, der die Schau des Atman erlangt hat und nach Befreiung verlangt, wie ein Kind am Unwirklichen hängen, das seinen Untergang verursachen kann?

Es gibt keine Befreiung für einen Menschen, der am Körper und seinen Freuden hängt. Der Befreite ist frei von der Bindung an den Körper und seine Freuden. Der Schlafende wacht nicht; der Wachende schläft nicht. Diese beiden Bewusstseinszustände sind einander ihrer Natur nach entgegengesetzt.

Wenn ein Mensch den Atman kennt und ihn innerlich wie äußerlich als den Urgrund aller belebten und unbelebten Dinge sieht, hat er wahrlich Befreiung erlangt. Er tut alle Erscheinungen als unwirklich ab und verharrt in der Schau des Atman, des absoluten, unendlichen Seins.

Die Erkenntnis, dass der Atman der Urgrund aller Erscheinungen ist, bedeutet den Weg zur Befreiung von aller

Bindung. Es gibt keine höhere Erkenntnis als das Wissen, dass der Atman ungeteilt und allgegenwärtig ist. Wer die Erscheinungen ablehnt und sich unerschütterlich dem Atman, dem ewigen Sein, hingibt, erfährt, dass der Atman überall und in allen Dingen ist.

Wie aber kann ein Mensch sich von den Erscheinungen abwenden, wenn er sich mit seinem Körper identifiziert, wenn seine Gedanken an den Gegenständen der Sinneswahrnehmung hängen und er der Befriedigung seiner Begierden nachgeht? Nur durch harte Anstrengung kann diese Loslösung erfolgen. Übe Unterscheidung und gib dich ganz dem Atman hin. Entsage den selbstsüchtigen Befriedigungen, den Früchten von Handlungen und Pflichterfüllung. Suche nicht nach Freude an den Dingen der Sinne. Verlange nichts anderes als den Besitz nie endender Seligkeit.

Es heißt in den Schriften: „Wenn ein Mensch, der die Wahrheit Brahmans von den Lippen seines Lehrers vernommen hat, ruhig, selbstbeherrscht, befriedigt, geduldig und tief in Betrachtung versunken ist, erfährt er den Atman in seinem Herzen und sieht den Atman als das All."

Ein derart Suchender muss nach dieser Schriftstelle sich tief in den Atman versenken, damit er den Atman in allen Dingen erfährt.

Es ist selbst für den Weisen nicht möglich, das Ich auf einen Schlag zu zerstören. Zu tief wurzelt es in der menschlichen Natur. Durch unzählige Geburten hindurch bleibt sein vielfältiger Sinnenhunger wach. Das Ich wird nur in jenen vollkommen vernichtet, die durch Erlangen des höchsten übersinnlichen Bewusstseins erleuchtet worden sind.

Wenn das Denken des Menschen durch Unwissenheit verschleiert ist, zwingt ihn die Kraft der Projektion, deren Wesen Rastlosigkeit ist, sich selbst mit dem Ich zu identifizieren. Das Ich aber verführt und zerstreut ihn durch die Begierden, die seine Eigenschaften sind.

Es ist schwer, die Macht der Projektion zu überwinden, solange nicht die Macht der Unwissenheit, die die Dinge verschleiert, vollkommen gebrochen ist.

Wenn ein Mensch ebenso klar zwischen dem Atman und den äußeren Erscheinungen unterscheiden kann wie zwischen Milch und Wasser, dann vergeht ganz natürlich der Schleier der Unwissenheit, der den Atman bedeckt. Wenn das Denkorgan nicht mehr abgelenkt wird durch die Trugbilder der Sinneswahrnehmung, ist jedes Hindernis, das die Erfahrung des Atman hemmt, zweifellos überwunden.

Der durch Erkenntnis Erleuchtete hat vollkommene Unterscheidung erlangt, die eine klare Trennung zwischen dem wahren Sein, dem Atman und den äußeren Erscheinungen ermöglicht. So ist er frei von den Fesseln der Täuschung, die Maya schafft und ist nicht mehr Tod und Wiedergeburt in der Welt der Wandlung unterworfen.

Die Erkenntnis, dass wir Brahman sind, wirkt wie ein Brand, der das Gestrüpp der Unwissenheit vollkommen verzehrt. Wie könnte ein Mensch, der seine Einheit mit Brahman verwirklicht hat, noch den Samen von Tod und Wiedergeburt in sich tragen?

Die Schau der Wirklichkeit löst den Schleier der Unwissenheit vollkommen auf. Solange wir die Dinge falsch sehen, zerstreut uns diese falsche Wahrnehmung und macht uns elend. Wenn diese irrtümliche Ansicht richtiggestellt ist, endet das Elend.

Ein Beispiel: Du siehst ein Seil und hältst es für eine Schlange. Sobald du erkennst, dass das Seil ein Seil ist, endet deine falsche Auffassung, es sei eine Schlange und du verlierst die Furcht, die diese einflößt. Darum muss der Weise, der seine Fesseln zu durchbrechen sucht, die Wirklichkeit kennen.

Wie Eisen Funken sprüht, wenn es mit Feuer in Berührung kommt, so scheint das Denkorgan zu handeln und wahrzunehmen, weil es mit Brahman, dem reinen Bewusstsein, in Berührung ist. Die Fähigkeit des Wirkens und der Wahrnehmung, die scheinbar dem Denken angehören, sind unwirklich. Sie sind so unwahr wie Trugbilder, Phantasien und Träume.

Alle Abwandlungen von Maya – vom Ich-Gedanken bis hinab zum Körper und den Gegenständen der Sinneswahrnehmung – sind unwirklich. Sie sind unwirklich, weil sie von Augenblick zu Augenblick sich verändern. Der Atman verwandelt sich niemals.

Der Atman ist höchstes, ewiges, unteilbares, reines Bewusstsein, das Eine ohne ein Zweites. Er ist der Zuschauer des Denkens, des Intellekts und der anderen Fähigkeiten. Er ist von dem Grobstofflichen wie Feinstofflichen unterschieden.

Er ist das wahre Selbst, das innere Sein, die höchste immerwährende Freude.

So unterscheidet der Weise zwischen dem Wirklichen und dem Unwirklichen. Seine freigesetzte Schau nimmt das Wirkliche wahr. Er kennt seinen eigenen Atman als das reine ungeteilte Bewusstsein. Er ist befreit von Unwissenheit, Elend und Ablenkung. Er geht unmittelbar in den Frieden ein.

Wenn die Schau des Atman, des Einen ohne ein Zweites, durch Nirvikalpa Samadhi erlangt ist, lösen sich die Knoten der Unwissenheit im Herzen vollkommen und für immer.

„Du", „Ich", „Dies"– solche Gedanken der Getrenntheit werden aus der Unreinheit der Gedanken geboren. Doch wenn die Schau des Atman – des Höchsten, des Absoluten, des Einen ohne ein Zweites – in Samadhi aufleuchtet, dann schwindet alle Empfindung der Getrenntheit. Der Schauende hat die Wirklichkeit deutlich erfasst.

Der geistig Suchende, der Gleichmut, Selbstbeherrschung, geistiges Gleichgewicht und Langmut besitzt, gibt sich der Übung der Versenkung hin und meditiert über den Atman in sich als den Atman in allem Sein. So zerstört er vollkommen die Empfindung des Gesondertseins, die aus dem Dunkel der Unwissenheit aufsteigt und verharrt in Freude, da er sich, von allen ablenkenden Gedanken und selbstsüchtigen Beschäftigungen befreit, mit Brahman identifiziert.

Wer nur erborgte Lehren nachredet, ist nicht von der Welt gelöst. Wer aber Samadhi erlangt hat durch Einschmelzen des Weltalls, der Sinnesorgane, des Denkens und des Ich in das reine Bewusstsein des Atman, ist frei von der Welt mit ihren Bindungen und Fallstricken.

Der eine Atman erscheint vielfältig durch die Verschiedenheit seiner äußeren Hüllen. Wenn diese unwirklichen Umhüllungen fortfallen, besteht der Atman allein. Darum soll der Weise mit ganzer Hingabe nach Nirvikalpa Samadhi streben, damit die Hüllen sich in seinem Bewusstsein auflösen.

Wer Brahman mit ausschließlicher und stetiger Hingabe liebt, wird selbst Brahman. Die Küchenschabe, die nichts anderes als Wespe denkt, wird selbst zur Wespe.

Ebenso wie die Küchenschabe zur Wespe wird, weil sie nichts anderes mehr tut und nur Wespe denkt, so wird der geistig Suchende, der über die Wirklichkeit des Atman meditiert, durch diese unbeirrbare Hingabe zum Atman.

Das wahre Wesen des Atman ist äußerst subtil. Der grobstoffliche Gedanke kann es nicht erfassen. Es kann nur im Zustand des Samadhi erfahren werden, den allein jene edlen Seelen erreichen, deren Denken geläutert ist und die eine ungewöhnliche Fähigkeit der Unterscheidung besitzen.

Wie Gold, das im Feuer geläutert wird, vom Schmutz gereinigt seine wahre Natur zurückempfängt, so läutert sich das Denkorgan durch Meditation von den Fremdstoffen Sattva, Rajas und Tamas und erlangt Brahman.

Wenn das Denken, durch unaufhörliche Meditation gereinigt, in Brahman eingeht, ist der Zustand des Samadhi erlangt. Hier gibt es kein Gefühl der Dualität mehr. Die ungeteilte Seligkeit Brahmans wird erlebt.

In Samadhi werden alle Knoten der Begierden durchschnitten und der Mensch wird frei vom Gesetz des Karma. Brahman ist ihm offenbar, innerlich und äußerlich, überall und immer, ohne dass es noch irgendeiner Anstrengung bedarf.

Es ist hundertmal besser, über die Wahrheit Brahmans nachzusinnen, als nur aus den Schriften davon zu hören. Noch hunderttausendmal besser als Überlegung ist Meditation. Aber Nirvikalpa Samadhi ist das Allerbeste.

In diesem Samadhi – und in keinem anderen Zustand – wird das wahre Wesen Brahmans klar und deutlich offenbar. In jedem anderen Zustand bleiben die Gedanken zerstreut und unstet.

Darum bleibe unaufhörlich versunken im Bewusstsein des Atman in dir. Beherrsche deine Sinne und lass deine Gedanken zur Ruhe kommen. Erlange die klare Schau deiner Einheit mit Brahman und zerstreue so die Unwissenheit, die Maya seit anfangloser Zeit bewirkt hat.

Die ersten Schritte zur Vereinigung mit Brahman sind: Beherrschung der Rede, Ablehnung unnötiger Geschenke, Aufgabe weltlicher Begierden und ehrgeiziger Wünsche, unaufhörliche Hingabe an Brahman.

Gib dich Brahman hin und du wirst deine Sinne beherrschen können. Beherrsche deine Sinne und du wirst deine Gedanken meistern. Meistere deine Gedanken und der Ich-Gedanke löst sich auf. So erlangt der Yogi die ungebrochene Erfahrung der Seligkeit Brahmans. Darum soll der Suchende danach trachten, sein Herz Brahman darzubringen.

Beherrsche deine Rede durch Achtsamkeit. Beherrsche das Denken durch die Kraft der Unterscheidung. Beherrsche diese durch den individuellen Willen. Schmilz diesen in den unendlichen absoluten Atman ein und erlange höchsten Frieden.

Der Körper, die Lebenskraft, die Sinnesorgane, die Gedanken, der Intellekt und das Ich sind die Hüllen des Atman. Wenn sich der Mensch mit irgendeiner dieser Hüllen identifiziert, nimmt er deren Natur und Erscheinung an.

Sobald diese Identifizierung aufhört, löst sich der Meditierende mit Leichtigkeit von diesen Hüllen und erfährt immerfort die Fülle nie endender Freude.

Sich vollkommen von allen diesen Hüllen befreien, bedeutet innere und äußere Entsagung, die nur üben kann, wer begierdelos ist. Der Leidenschaftslose, der nach Befreiung strebt, kann innere wie äußere Entsagung üben.

Äußere Bindung ist Haften an den Gegenständen der Sinneswahrnehmung. Innere Bindung ist Identifizierung des Selbst mit dem Ich und den vielfältigen Gedankenformen. Allein der Leidenschaftslose, der ganz Brahman hingegeben ist, vermag beidem zu entsagen.

Wisse, O Weiser, dass der Mensch der Leidenschaftslosigkeit und Unterscheidung bedarf, wie der Vogel seiner beiden Flügel. Ohne sie kann der Mensch nicht den Gipfel des Weinstockes erreichen, an dem der Nektar der Befreiung fließt. Auf andere Weise kann man nicht dort hinaufgelangen.

Nur wer zutiefst frei von Begierden ist, kann Samadhi erreichen. Wer Samadhi erlangt hat, lebt im Zustand dauernder Erleuchtung. Das erleuchtete Herz ist frei von Bindung. Der Befreite allein erfährt ewige Freude.

Für den Selbstbeherrschten ist Begierdelosigkeit die einzige Quelle des Glücks. Verbunden mit dem Erwachen der reinen Erkenntnis des Atman führt sie den Menschen zur Unabhängigkeit von allem anderen. Sie ist das Tor zur Freude an jener ewig jugendlichen Maid, genannt Befreiung. Darum übe innere und äußere Loslösung, wenn du das höchste Gut suchst, und sei immer des ewigen Atman gewahr.

Meide wie Gift die Begierde nach sinnlicher Lust. Sie ist dein Tod. Sei nicht stolz auf Kaste, Familie und Stellung. Halte dich fern von Handlungen der Selbstsucht. Gib auf die Täuschung, du seiest der Körper oder irgendeine seiner Hüllen. Sie alle sind unwirklich. Bewahre deine Gedanken in der Erinnerung des Atman. Du bist in Wahrheit Brahman, der Zuschauer, der nicht vom Denkorgan gebunden ist, das Eine ohne ein Zweites, das Höchste.

Richte die Gedanken fest auf Brahman, dein einziges Ziel. Erlaube nicht den Sinnesorganen sich nach außen zu betätigen. Zwinge sie, in ihren eigenen Zentren zu verharren.

Gib dem Körper eine aufrechte und feste Haltung, verschwende aber keinen Gedanken auf seine Erhaltung, sondern versenke dich ganz in Brahman und erfahre, dass du und Brahman eines sind. Trinke unaufhörlich die Seligkeit Brahmans. Niemals wird die Quelle dieser Seligkeit versiegen. Was haben die Dinge der Welt dann noch für einen Sinn? Sie enthalten nicht Glückseligkeit.

Erlaube deinen Gedanken nicht, dich mit irgendetwas zu befassen, das nicht der Atman ist. Alles andere ist von Übel und eine Quelle des Elends. Meditiere über den Atman, dessen Wesen Absolute Seligkeit ist. Das ist der Weg zur Befreiung.

Der aus sich selbst leuchtende Atman, der allem zuschaut, ist immer gegenwärtig in deinem Herzen. Dieser Atman steht jenseits von allem Unwirklichen. Erkenne ihn als dein eigens Selbst und meditiere unaufhörlich über ihn.

Lass eine ununterbrochene vertraute Verbindung mit dem Atman bestehen, von keinem Gedanken abgelenkt. So wirst du zweifellos erfahren, dass der Atman dein wirkliches Wesen ist.

Halte fest an der Wahrheit, dass du der Atman bist. Gib deine Identifizierung mit dem Ich oder seinen Hüllen auf. Bleibe völlig teilnahmslos ihnen gegenüber, als wären sie zerbrochene Tonkrüge. Richte die geläuterten Gedanken fest auf den Atman, den Zuschauer, das reine Bewusstsein. Sei immer mehr bestrebt, dein Denken zu beruhigen. Dann erlangst du die Schau des unendlichen Atman.

Meditiere über den Atman als den, der unteilbar und unendlich ist, gleich dem alles durchdringenden Äther. Erkenne ihn als verschieden vom Körper und den Sinnen, von der Lebenskraft, den Gedanken und dem Ich – jenen Begrenzungen, die unsere Unwissenheit uns auferlegt.

Der Äther ist immer ein und derselbe, nicht vielfältig, wenn er auch Hunderte von Gefäßen, wie Töpfe, Korn- und Reisbehälter füllt und verschieden und geteilt erscheint. Ebenso ist der reine Atman, wenn er von seinen Begrenzungen durch Ich und Denken befreit ist, einer und nur dieser eine. Alle Dinge – von Brahma[3], dem Schöpfer, bis hinab zum geringsten Grashalm – sind nur verschiedene Namen und Formen des einen Atman. Sie sind nichts anderes als unwirkliche Erscheinungen. Darum meditiere über den Atman, den einen Unendlichen.

Der Atman ist der Urgrund und die Wirklichkeit. Die Erscheinung dieser Welt ist nur unseren verblendeten Augen sichtbar. Wenn wahre Erkenntnis dämmert, offenbart sich der Atman als Sein an sich, und die Erscheinung des Weltalls ist nicht gesondert von ihm zu sehen. Wenn du noch Täuschungen unterworfen bist, hältst du ein Seil für eine Schlange. Doch wenn die Täuschung vergeht, siehst du, dass die eingebildete Schlange nichts anderes war als das Seil. So ist auch das Weltall nichts anderes als der Atman.

Ich, der Atman, bin Brahma. Ich bin Vishnu; ich bin Shiva[4]. Ich bin dieses Weltall. Nichts ist, doch Ich bin. Ich wohne im Innern. Ich bin draußen. Ich bin vorn und hinten. Ich bin im Süden und bin im Norden. Ich bin oben und unten.

Welle, Schaum, Wirbel, Strudel – sie alle sind im Grunde Wasser. Ähnlich sind der Körper und das Ich in Wirklichkeit nichts als reines Bewusstsein. Alles ist im Grunde Bewusstsein, Reinheit, Freude.

Dieses ganze Weltall, von dem wir sprechen, über das wir nachdenken, ist nichts als Brahman. Brahman wohnt jenseits des Bereiches von Maya. Es gibt nichts anderes. Sind Krüge, Töpfe und Gefäße etwas anderes als Ton, aus dem sie geformt sind? Der Mensch trinkt den Wein Mayas, versinkt in Täuschung und beginnt die Dinge voneinander verschieden zu sehen. Dann spricht er von „Du“ und „Ich“.

Die Schrift lehrt: „Unendlichkeit ist dort, wo man nichts anderes sieht, hört und weiß.“ In der Unendlichkeit, so sagt die Schrift, gibt es keine Dualität. So stellt sie unsere falsche Vorstellung von der Vielfältigkeit des Seins richtig.

Ich bin Brahman, das Höchste, das alles durchdringt wie die Luft, das unbefleckt, unteilbar, unbegrenzt, unbewegt und unverändert ist. Ich habe weder Innen noch Außen. Ich allein bin. Ich bin das Eine ohne ein Zweites. Was gibt es sonst noch zu wissen?

Was bleibt noch zu sagen? Ich bin nichts anderes als Brahman. Brahman ist dieses Universum und alle Dinge, die in ihm sind. Die Schriften lehren, dass nichts ist außer Brahman. Die von der Erkenntnis des „Ich bin Brahman“ Erleuchteten entsagen ihrer Bindung an dieses sichtbare Weltall. Es ist gewiss, dass solch Erleuchtete in immerwährender Vereinigung mit Brahman, dem reinen seligen Bewusstsein leben.

Verzichte auf alle irdischen Hoffnungen und alle körperlichen Freuden, indem du dich nicht mehr mit dem grobstofflichen Körper identifizierst. Dann höre auch auf, dich mit dem feinstofflichen Körper zu identifizieren. Erfahre, dass du Brahman bist, dessen Gestalt ewige Seligkeit ist, dessen Glanz die Schriften beschreiben. So kannst du in Vereinigung mit Brahman leben.

Solange der Mensch diesen sterblichen Körper liebt, bleibt er unrein und wird von seinen Feinden auf jede Art beunruhigt. Er ist noch Krankheit, Tod und Wiedergeburt unterworfen. Doch wenn er über den Atman als den Reinen, Unveränderlichen, als den Inbegriff des Guten meditiert, wird er von allem Bösen befreit. Auch diese Wahrheit bezeugen die Schriften. Höre auf, dich irrtümlicherweise mit diesen Hüllen, wie dem Ich und den anderen, die Atman überlagern, zu identifizieren. Nur Brahman bleibt zurück, das Höchste, Unveränderliche, das Eine ohne ein Zweites.

Wenn das Denken vollkommen aufgegangen ist in dem höchsten Sein, in dem Atman, in Brahman, dem Absoluten, dann vergeht die Welt der Erscheinungen. Ihre Existenz ist nicht mehr als ein leeres Wort.

Die Welt der Erscheinungen ist ein bloßes Phantom. Es gibt nur eine Wirklichkeit. Sie ist wandellos, formlos, absolut. Wie kann sie geteilt werden?

Es gibt weder Schauende noch Schauen noch Geschautes. Es gibt nur eine Wirklichkeit. Sie ist wandellos, formlos, absolut. Wie kann sie geteilt werden?

Es gibt nur eine Wirklichkeit – wie ein Meer zur Flutzeit,

in dem sich alle Erscheinungen auflösen. Sie ist wandellos, formlos, absolut. Wie kann sie geteilt werden?

Die Ursachen unserer Täuschung lösen sich in ihr auf wie Finsternis vor dem Licht verschwindet. Sie ist das Höchste, das Absolute, das Eine ohne ein Zweites. Wie kann sie geteilt werden?

Es gibt nur eine höchste Wirklichkeit, die Einheit an sich. Sie kann nicht in Vielfalt aufgeteilt werden. Wenn Vielfalt wirklich wäre und nicht nur scheinbar, warum wird sie dann nicht im traumlosen Schlaf erfahren?

Das Weltall besteht nicht mehr, wenn wir zum höchsten Bewusstsein in dem ewigen Atman erwacht sind, der Brahman ohne alle Unterscheidung oder Teilung ist. Niemals, weder in Vergangenheit, Gegenwart oder Zukunft, war oder ist wirklich eine Schlange im Seil oder ein Tropfen Wasser in der Fata Morgana.

Die Schriften erklären, dass dieses relative Weltall nur Erscheinung sei. Das Absolute ist nicht geteilt. Im traumlosen Schlaf schwindet auch das Weltall.

Unsere Täuschung deckt das Weltall über Brahman. Der Weise aber weiß, dass dieses Weltall keine gesonderte Existenz besitzt, sondern mit Brahman, dem Urgrund, identisch ist. Das Seil mag als Schlange erscheinen; der scheinbare Unterschied zwischen Seil und Schlange besteht aber nur, solange die Täuschung anhält.

Dieses Trugbild der Verschiedenheit hat seinen Ursprung im grobstofflichen Denkorgan. Wird dieses überschritten, dann verschwindet es. Darum lass deine Gedanken in der Betrachtung des Atman aufgehen, der Wirklichkeit, die dein innerstes Wesen ist.

Der Weise, dessen Bewusstsein sich vollkommen mit Brahman vereint hat, erkennt Es ungeteilt in seinem Herzen. Brahman ist jenseits von Wort und Gedanken. Es ist reines, ewiges Bewusstsein, Absolute Seligkeit. Es ist mit nichts zu vergleichen und nicht zu bemessen. Es ist immer frei, jenseits aller Handlungen, grenzenlos wie der Himmel, unteilbar und absolut.

Wenn das Bewusstsein sich vollkommen mit Brahman vereint hat, erfährt der Weise Brahman ungeteilt in seinem Herzen. Brahman ist jenseits von Ursache und Wirkung, die Wirklichkeit jenseits aller Gedanken. Es ist ewig das Gleiche, unvergleichbar, jenseits aller gedanklichen Begriffe. Es wird von den heiligen Schriften enthüllt und offenbart sich selbst andauernd in uns durch unseren Ich-Gedanken.

Wenn das Bewusstsein sich vollkommen mit Brahman vereint hat, erfährt der Weise Brahman ungeteilt in seinem Herzen. Brahman kennt weder Verfall noch Tod. Es ist die Wirklichkeit ohne Anfang und ohne Ende. Es gleicht einer unbewegten, weiten, uferlosen Wasserfläche. Jenseits des Spieles der Gunas ist Es das Eine, das Ewige, das ewig Friedvolle.

Verharre in der Vereinigung mit deinem wahren Sein und schaue den Atman der unendlichen Herrlichkeit. Entrinne den Fesseln und dem Verwesungsgeruch der Weltlichkeit.

Setze dich mit aller Kraft ein, um die Befreiung zu erlangen. Dann bist du nicht umsonst in diese Welt geboren.

Meditiere über den Atman, dein wahres Wesen, das frei ist von allen Hüllen und Begrenzungen, das Unendliche Sein, Unendliche Erkenntnis und Unendliche Seligkeit ist, das Eine ohne ein Zweites. So wirst du dem Rad von Geburt und Tod entkommen.

Die Wirkungen vergangener Handlungen zwingen den Erleuchteten weiter im Körper zu leben. Doch für ihn ist dieser nur eine Erscheinung wie der menschliche Schatten. Und wenn er den Körper als einen Leichnam ablegt, wird er niemals wieder in einem anderen geboren.

Erfahre den Atman, das ewige reine Bewusstsein, die Seligkeit. Löse dich vollkommen von dieser Hülle, dem Körper, der träge und verdorben ist. Danach denke niemals mehr an dich. Sich an seinen eigenen Auswurf zu erinnern, ist nur ekelerregend.

Der wahrhaft Weise verbrennt seine Unwissenheit mit allen ihren Auswirkungen im Feuer Brahmans, des Absoluten, des Ewigen, des wahren Selbst. Dann bleibt er festgegründet in der Erkenntnis des Atman, des ewigen reinen Bewusstseins, der Seligkeit.

Eine Kuh lässt sich ohne Anteilnahme einen Kranz um den Hals legen. Wer Brahman kennt, ist gleichgültig gegenüber dem Schicksal seines Körpers, der als Folge vergangener Handlungen weiterlebt. Seine Gedanken sind aufgegangen im seligen Brahman.

Wer Brahman kennt, hat sein wahres Sein, den Atman, die nie endende Freude, verwirklicht. Welchen Antrieb, welchen Wunsch sollte er haben, sich noch weiter an diesen Körper zu binden und ihn zu ernähren?

Im eigenen Herzen und in der äußeren Welt die endlose Seligkeit des Atman zu schmecken, ist die Belohnung für den Yogi, der in diesem Leben Vollkommenheit und Befreiung erlangt hat.

Die Frucht der Leidenschaftslosigkeit ist Erleuchtung; die Frucht der Erleuchtung ist die Stillung der Begierden. Die Frucht der Stillung der Begierden ist die Erfahrung der Seligkeit des Atman, die Frieden bringt.

Die ersten Schritte sind wertlos, wenn der Weg nicht zu Ende gegangen wird. Begierdelosigkeit, höchste Befriedigung und unvergleichliche Seligkeit müssen natürlich aufeinander folgen.

Es ist wohlbekannt, dass die Frucht der Erleuchtung das Ende aller Leiden ist. Aus Unwissenheit kann man viele böse Taten vollbringen. Aber wie kann man fortfahren, Böses zu tun, wenn die Unterscheidung wachgeworden ist?

Die Erleuchtung lässt den Menschen sich vom Bösen und Unwirklichen abwenden. Bindung an diese ist die Frucht der Unwissenheit. Vergleiche einen Menschen, der eine Fata Morgana kennt, mit einem, der mit diesem Phänomen nicht vertraut ist. Der erste wird sich von dem Trugbild abwenden, der zweite läuft darauf zu, um seinen Durst zu stillen. Der Mensch, der Verwirklichung erlangt hat, wird nicht mehr von der Welt der Erscheinungen verlockt – dies ist seine offensichtliche Belohnung.

Ist der Knoten der Unwissenheit im Herzen durchschnitten, dann ist der Mensch von allem Begehren nach materiellen Gegenständen befreit. Gibt es hiernach noch irgendetwas in der Welt, das ihn verlocken könnte?

Wenn die Gegenstände der Lust keine Begierde mehr in ihm zu wecken vermögen, ist vollkommene Entsagung erlangt. Wenn es keinen Ich-Gedanken mehr gibt, ist vollkommene Erkenntnis erreicht. Wenn das Denkorgan in Brahman aufgegangen ist und von keinem Gedanken mehr abgelenkt wird, hat sich das Ich vollkommen zurückgezogen.

Wer unaufhörlich im Bewusstsein Brahmans versunken bleibt, ist von der Tyrannei der Welt der Objekte befreit. Die Freuden, die andere unwiderstehlich finden, bewertet er so gering, wie ein kleines Kind oder ein Mensch, der in tiefen Schlaf versunken ist. Wenn er für Augenblicke der Welt bewusst wird, betrachtet er sie als eine Welt der Träume. Er genießt die Früchte eines nicht endenden Verdienstes. Solch ein Mensch ist wahrhaft gesegnet und wird auf Erden hoch geachtet.

Es heißt, dass der Mensch der Selbstbeherrschung erleuchtet ist, wenn er ewige Seligkeit genießt. Vollkommen in Brahman eingeschmolzen, kennt er sich als die unwandelbare Wirklichkeit, jenseits allen Wirkens.

Der Zustand der Erleuchtung wird folgendermaßen beschrieben: Es besteht das unaufhörliche Bewusstsein der Einheit von Atman und Brahman, und jede Identifizierung des Atman mit seinen Hüllen ist vergangen. Ebenso ist jede Empfindung einer Dualität aufgehoben. Es herrscht nur noch das reine, einsgewordene Bewusstsein. Wer festgegründet in diesem Bewusstsein ist, wird erleuchtet genannt.

Wer festgegründet in der Erleuchtung verharrt, gilt schon in diesem Leben als frei. Seine Seligkeit ist unendlich. Fast vergisst er diese Welt der Erscheinungen.

Obwohl sein Denken in Brahman aufgelöst ist, ist er vollkommen wach, frei von der Unwissenheit des alltäglichen Wachzustandes. Er ist vollkommen bewusst, doch frei von jedem Verlangen. Ein solcher Mensch gilt schon in diesem Leben als frei.

Für ihn ist das Leiden dieser Welt vorüber. Obwohl er einen endlichen Körper besitzt, bleibt er mit dem Unendlichen vereint. Sein Herz kennt keine Angst. Ein solcher Mensch gilt schon in diesem Leben als frei.

Obwohl er noch in seinem Körper lebt, ist dieser nur wie ein Schatten, der ihm folgt. Er wird nicht mehr vom Gedanken des „Ich“ und „mein“ beunruhigt. Dies sind die Merkmale eines Menschen, der schon in diesem Leben frei ist.

Es liegt ihm nichts daran, in der Vergangenheit zu graben. Die Zukunft interessiert ihn nicht. An der Gegenwart ist er unbeteiligt. Hieran erkennt man einen Menschen, der schon in diesem Leben frei ist.

Gut und Böse scheinen in der Welt zu existieren. Personen und Gegenstände scheinen voneinander verschieden zu sein. Trotzdem erblickt ein solcher Mensch alles vom Standpunkt der Gleichheit aus, denn er sieht Brahman in allem. Hieran erkennt man einen Menschen, der schon in diesem Leben frei ist.

Gutes oder böses Geschick mag kommen. Er sieht beides unbeteiligt an und wird von keinem berührt. Hieran erkennt man einen Menschen, der schon in diesem Leben frei ist.

Da sein Denken unaufhörlich im Genießen der Seligkeit des Brahman verharrt, ist er nicht fähig, zwischen dem Außen und Innen zu unterscheiden. Hieran erkennt man einen Menschen, der schon in diesem Leben frei ist.

Das Leben fließt vorüber: Er beobachtet es wie ein unbeteiligter Zuschauer. Er identifiziert sich nicht mit dem Körper, den Sinnesorganen und anderem. Er hat sich über den Gedanken der Pflicht erhoben. Hieran erkennt man einen Menschen, der schon in diesem Leben frei ist.

Mit Hilfe der lebendigen Worte der Schriften hat er seine Einheit mit Brahman erkannt und ist nicht länger an die Wiedergeburt gebunden. Hieran erkennt man einen Menschen, der schon in diesem Leben frei ist.

Nie identifiziert er sich mit dem Körper oder den Sinnesorganen. Er hat kein Gefühl für Eigentum. Hieran erkennt man einen Menschen, der schon in diesem Leben frei ist.

Durch seine transzendente Schau hat er erfahren, dass es keinen Unterschied zwischen Mensch und Brahman oder

Brahman und dem Weltall gibt. Denn er erblickt Brahman in allem. Hieran erkennt man einen Menschen, der schon in diesem Leben frei ist.

Heilige mögen ihn ehren, Böse ihn beleidigen – seine Gefühle bleiben die gleichen. Hieran erkennt man einen Menschen, der schon in diesem Leben frei ist.

Flüsse fließen in das Meer, aber das Meer wird nicht bewegt. Gegenstände der Sinneswahrnehmung gehen in sein Denkorgan ein, aber der Befreite reagiert nicht. Denn er lebt im Bewusstsein der einen Wirklichkeit. Er ist fürwahr frei schon in diesem Leben.

Wer die Wirklichkeit Brahmans erkannt hat, kann keine Bindung mehr an die Welt fühlen. Wer Bindungen empfindet, hat Brahman nicht erkannt. Er bleibt der Täuschung verfallen und an die Sinne gebunden.

Man kann von einem Menschen, der Brahman gefunden hat, nicht sagen, dass er noch als Folge der starken Eindrücke und alten Gewohnheiten vergangener Wünsche an den Gegenständen der Sinne hängt. Denn seine Wünsche und Neigungen sind ausgelöscht, weil er seine Identität mit Brahman erfahren hat.

Selbst ein äußerst sinnlicher Mensch fühlt keine Begierde in Gegenwart seiner Mutter. In derselben Weise ist auch der Mensch, der Brahman, die unendliche Seligkeit erfahren hat, von Weltlichkeit befreit.

Die Schriften lehren, dass auch der Meditierende noch der äußeren Welt bewusst ist aufgrund der Neigungen, die seine frühere Lebensweise hervorgerufen hat. Diese Neigungen wirken sich von selbst in ihm aus.

Solange der Mensch Freude und Schmerz empfindet, bleiben seine früheren Neigungen weiter bestehen. Jede Wirkung hat eine Ursache. Ohne Ursache gibt es keine Wirkung.

Wenn ein Mann aus seinem Traum erwacht, lösen sich seine Traumhandlungen in Nichts auf. Erwacht ein Mensch zur Erkenntnis, dass er Brahman ist, so lösen sich alle aufgehäuften Ursachen von Millionen und aber Millionen Leben auf.

Im Schlaf mag der Mensch träumen, er beginge gute Taten oder furchtbare Sünden. Wie können aber solche Traumhandlungen ihn zum Himmel oder zur Hölle führen, wenn der Traum endet?

Der Atman ist auf immer frei und rein, unberührbar wie der Äther. Wer den Atman verwirklicht hat, wird niemals mehr gebunden sein durch seine vergangenen, gegenwärtigen oder zukünftigen Handlungen.

Der Äther, der in einem Krug eingeschlossen ist, wird nicht vom Geruch des Weins berührt. Der Atman wird nicht berührt von den Eigenschaften der Hüllen, die ihn umgeben.

Der Schüler:
Ich verstehe, dass nach der Erlangung der Erleuchtung keine Handlung mehr den Atman berühren kann. Doch was geschieht mit den Handlungen, die vor dem Aufdämmern der Erkenntnis begangen wurden? Die Erkenntnis

kann ihre Auswirkungen nicht aufheben. Ein abgeschossener Pfeil kann nicht mehr von seinem Ziel abgelenkt werden.

Wenn man eine Kuh versehentlich für einen Tiger hält und auf sie schießt, wird der Pfeil nicht anhalten, wenn er entdeckt hat, dass die Kuh kein Tiger ist. Er wird die Kuh treffen.

Der Meister:
Du hast recht. Vergangene Handlungen sind sehr mächtig, wenn ihre Wirkungen schon begonnen haben.

Ihre Macht muss sich auch bei der erleuchteten Seele durch tatsächliche Erfahrungen auswirken. Das Feuer der Erkenntnis verbrennt die ganze Ansammlung des gegenwärtigen und zukünftigen Karmas und das vergangene, das noch nicht zu wirken begonnen hat. Es kann aber nicht das frühere Karma zerstören, das schon sich auszuwirken begann.

Doch es wird den Menschen, der seine Identität mit Brahman erfahren und der unaufhörlich in diesem Bewusstsein versunken ist, nicht wirklich berühren. Ein solcher Mensch ist mit Brahman, dem Einen jenseits aller Eigenschaften, vereint.

Der Seher lebt im Bewusstsein des Atman. Er hat seine Identität mit Brahman erkannt. Brahman ist rein und frei von den Eigenschaften, die den grobstofflichen und den feinstofflichen Hüllen anhaften. Vergangenes Karma gehört zu diesen Hüllen. Darum berührt es den Seher nicht. Der Erwachte ist nicht mehr an die Scheinwelt seiner Träume gebunden.

Der Erwachte identifiziert sich nicht mehr mit seinem Traumkörper, mit seinen Traumhandlungen oder mit den Gegenständen seines Traumes. Er kommt durch das Erwachen zu sich.

Er versucht nicht mehr die Vorstellung aufrechtzuerhalten, die Gegenstände seines Traumes seien wirklich, auch sucht er nicht mehr ihren Besitz. Jagt er dennoch den Gegenständen seiner Traumwelt nach, dann ist er gewiss noch nicht vom Schlaf erwacht.

Ebenso sieht der zur Erkenntnis Brahmans Erwachte, der in Vereinigung mit dem ewigen Atman lebt, nichts anderes mehr als diesen. Gewiss, er muss noch essen und solange er lebt, seinen Körper erhalten. Aber solche Akte werden gleichsam aus dem Gedächtnis vollzogen. Sie gleichen Traumhandlungen, an die man sich erinnert.

Die Geburt in einem Körper ist Folge des Karmas; so könnte man sagen, dass vergangene Taten nur den Körper betreffen. Der Atman ist ohne Beginn. Er ist nicht als Frucht des Karma geboren. So ist der Gedanke, das Karma könne den Atman berühren, unvernünftig.

Die unfehlbaren Worte der Schriften erklären, der Atman sei „ungeboren, ewig und niemals Verfall unterworfen". Wie kann dann irgendein Karma den Menschen berühren, der im Bewusstsein des Atman lebt?

Die durch vergangene Handlungen angehäuften Ursachen berühren den Menschen, der sich mit dem Körper identifiziert. Der Erleuchtete aber weiß, dass diese Identifizierung falsch ist. Darum wird er von solchem Karma nicht betroffen.

Selbst der Gedanke, dass die durch vergangene Taten ausgelösten Ursachen den Körper berühren können, ist Unsinn. Wie kann dieser Körper wirklich sein, wenn er nur ein trügerisches Sein besitzt? Wie kann etwas Unwirkliches geboren werden, etwas nie Geborenes sterben? Wie können Handlungen oder deren Wirkungen etwas berühren, das nicht wirklich besteht?

Wenn die Erkenntnis dämmert, schwindet die Unwissenheit mit ihren Auswirkungen. Der Unwissende mag fragen: „Wie kann, wenn dieses zutrifft, der Körper eines Erleuchteten noch weiter bestehen?" Doch wenn die Schriften sagen, dass die Fortdauer des Körpers durch vergangene Handlungen bewirkt wird, dann erklären sie die Dinge nur in einer Form, die der Unwissende verstehen kann. Sie wollen nicht die Wirklichkeit des Körpers und der anderen Hüllen vom Standpunkt des Erleuchteten aus beweisen.

Vom Standpunkt des Erleuchteten aus erfüllt Brahman alles – ohne Beginn, ohne Ende, unermesslich, wandellos, das Eine ohne ein Zweites. In Brahman gibt es nicht die geringste Verschiedenheit.

Brahman ist reines Sein, reines Bewusstsein, ewige Seligkeit, jenseits aller Handlungen, das eine ohne ein Zweites. In Brahman gibt es nicht die geringste Verschiedenheit.

Brahman ist das innerste Bewusstsein, erfüllt von nie endender Seligkeit, unendlich, allgegenwärtig, das Eine ohne ein Zweites. In Brahman gibt es nicht die geringste Verschiedenheit.

Man kann Brahman nicht entgehen, da Es überall ist. Brahman kann nicht erfasst werden, da Es transzendent ist. Es kann nicht umschlossen werden, da Es alles umschließt. Es ist das Eine ohne ein Zweites. In Brahman gibt es nicht die geringste Verschiedenheit.

Brahman ist ohne Teile oder Eigenschaften. Es ist ungreifbar, absolut, unbefleckt, das Eine ohne ein Zweites. In Brahman gibt es nicht die geringste Verschiedenheit.

Brahman ist nicht zu bestimmen, Es ist jenseits des Fassungsvermögens von Denken und Rede, das Eine ohne ein Zweites. In Brahman gibt es nicht die geringste Verschiedenheit.

Brahman ist die Wirklichkeit selbst. Es verharrt in seinem eigenen Glanz als reines, absolutes Bewusstsein, das nicht seinesgleichen hat, das Eine ohne ein Zweites. In Brahman gibt es nicht die geringste Verschiedenheit.

Die geistig Suchenden, jene großherzigen Seelen, die sich von allen Begierden befreit und von allen sinnlichen Freuden gelöst haben, die gleichmütig und selbstbeherrscht sind, erfahren diese erhabene Wahrheit Brahmans, erlangen die Vereinigung mit ihm und höchste Seligkeit.

Auch du musst Unterscheidung üben und die erhabene Wahrheit Brahmans verwirklichen. Erfahre das wahre Wesen des Atman als Summe aller Seligkeit. Wirf die Täuschungen ab, die dein eigenes Denken erschaffen hat. So wirst du frei und erleuchtet. Dein Leben wird gesegnet sein.

Beruhige dein Denken vollkommen und erlange Samadhi. Dann wirst du klare Schau empfangen und die Wahrheit des Atman wird dir offenbar. Von den Lippen deines Lehrers hast du die Wahrheit Brahmans gelernt, so wie sie offenbart wird in den Schriften. Nun musst du selbst und unmittelbar diese Wahrheit erkennen. Nur dann wird dein Herz von Zweifeln befreit sein.

Wie kannst du mit Sicherheit wissen, dass du von den Fesseln der Unwissenheit befreit bist und den Atman, das absolute Sein, das reine Bewusstsein, immerwährende Seligkeit erlangt hast? Die Worte der Schriften, deine eigene Vernunft und die Lehre deines Meisters können helfen, dich zu überzeugen. Der einzige absolute Beweis aber ist die ganz unmittelbare Erfahrung in deiner eigenen Seele.

Bindung und Befreiung, Befriedigung und Unruhe, Krankheit und Genesung, Hunger und anderes sind Angelegenheiten persönlicher Erfahrung. Du kennst dich selbst; andere können deinen Zustand nur erraten.

Lehrer und Schriften können geistige Kenntnis anregen, aber der weise Schüler überquert das Meer seiner Unwissenheit mit Hilfe der Gnade Gottes durch unmittelbare Erleuchtung.

Erwirb unmittelbare Erfahrung. Verwirkliche Gott in dir selbst. Erkenne den Atman als das eine unteilbare Sein und erlange Vollkommenheit. Befreie dein Denken von allen Zerstreuungen und verharre im Bewusstsein des Atman.

Die endgültige Behauptung des Vedanta lautet: Brahman ist alles – dieses Weltall und jedes Geschöpf. Befreitsein heißt in Brahman, der ungeteilten Wirklichkeit, leben. Brahman ist das Eine ohne ein Zweites, wie die Schriften bezeugen.

Der Schüler lauschte aufmerksam den Worten seines Lehrers. Er erlernte die höchste Wahrheit, die von den Schriften bezeugt wird, und bekräftigte sie durch seine eigene Urteilskraft. Dann zog er seine Sinne von der gegenständlichen Welt zurück und konzentrierte sein Denken auf den Atman. Sein Körper blieb dabei unbeweglich wie ein Fels.

Sein Denken war vollkommen in Brahman aufgegangen. Nach einiger Zeit kehrte er zum normalen Bewusstsein zurück und sprach aus der Fülle seiner Freude:

Das Ich ist vergangen. Ich habe meine Identität mit Brahman erfahren; so sind alle meine Wünsche ausgelöscht. Ich habe mich über meine Unwissenheit, meine Beschäftigung mit diesem Weltall der Erscheinungen erhoben. Was ist diese Freude in mir? Wer könnte sie ermessen? Ich kenne nichts mehr als grenzenlose, uferlose Freude!

Das Meer Brahmans ist voller Nektar, der Freude des Atman. Der Schatz, den ich dort gefunden habe, ist nicht mit Worten zu beschreiben. Gedanken können ihn nicht erfassen.

Mein Bewusstsein fiel wie ein Hagelkorn in die Weite des Meeres, das Brahman ist. Als es einen Tropfen dieses Meeres berührte, löste es sich auf und wurde eins mit Brahman. Nun verweile ich in der Freude des Atman, obwohl ich zu menschlichem Bewusstsein zurückgekehrt bin.

Wo ist dieses Weltall? Wer nahm es fort? Ist es in etwas anderem aufgegangen? Vor kurzem noch sah ich es. Nun besteht es nicht mehr. Dies ist fürwahr wunderbar!

Hier ist das Meer Brahmans, voll endloser Freude. Wie kann ich irgendetwas annehmen oder abweisen? Gibt es denn etwas außerhalb oder getrennt von Brahman?

Nun weiß ich endgültig und klar, dass ich der Atman bin, dessen Wesen ewige Freude ist. Ich sehe nichts und höre nichts. Ich kenne nichts, das von mir gesondert wäre.

Ich werfe mich nieder vor dir, O große Seele, mein Meister. Du bist frei von aller Bindung, unter den Weisen und Guten der größte. Du bist die Verkörperung der ewigen Seligkeit. Dein Erbarmen ist unendlich, ein uferloses Meer.

Deine Augen sind voller Erbarmen. Ihr Glanz gleicht einer Flut von Mondstrahlen, welche Erfrischung sind in der Erschöpfung meiner sterblichen Natur, im Leiden durch meine Bindung an die menschliche Geburt und den Tod. In einem Augenblick habe ich durch deine Gnade diesen unerschöpflichen ungeteilten Schatz, den Atman, den immer Seligen gefunden.

Ich bin fürwahr gesegnet. Ich habe des Lebens einziges Ziel erreicht. Nun kann mich der Drache der Wiedergeburt nicht mehr erfassen. Das Unendliche ist mein. Ich erkenne mein wahres Wesen in ewiger Freude und dies alles durch deine Gnade!

Nichts bindet mich mehr an diese Welt. Ich identifiziere mich nicht länger mit dem physischen Körper oder dem Denkorgan. Ich bin eins mit dem Atman – dem Unsterblichen. Ich bin der Atman – unbegrenzt, rein, unverfänglich, für immer in Frieden.

Ich bin weder jener, der Handlungen vollbringt, noch jener, der die Früchte von Handlungen erntet. Ich bin jenseits des Tuns und wandellos. Mein Wesen ist reines Bewusstsein. Ich bin absolute Wirklichkeit, ewige Güte.

Nicht ich sehe, höre, spreche, handle, leide oder genieße. Ich bin der Atman, der Ewige, immer Seiende, jenseits von Handlungen ohne Grenzen und Bindung – nichts als reines unendliches Bewusstsein.

Ich bin weder dieser noch jener Gegenstand. Ich bin Das, was alle Gegenstände offenbar macht. Ich bin das Höchste, bin ewige Reinheit. Ich bin weder Innen noch Außen, bin Brahman, das Eine ohne ein Zweites.

Ich bin Wirklichkeit ohne Anfang und ohne Gleichen. Ich habe nicht Teil an der Täuschung von „Ich“ und „Du“, „Dies“ und „Das“. Ich bin Brahman, das Eine ohne ein Zweites, endlose Seligkeit, ewige unveränderliche Wahrheit.

Ich bin der Herr und die Zuflucht aller. Ich zerstöre alle Sünde und Befleckung. Ich bin reines, unteilbares Bewusstsein. Ich bin Zuschauer aller Dinge. Ich habe keinen anderen Herrn als mich selbst. Ich bin frei von der Empfindung des „Ich“ und „mein“.

Ich lebe in allen Wesen als der Atman, das reine Bewusstsein, der Urgrund aller innerlichen und äußerlichen Erscheinungen. Ich bin der, der sich freut und zugleich der Gegenstand der Freude. In den Tagen meiner Unwissenheit dachte ich, diese seien von mir getrennt. Nun weiß ich, dass ich Alles bin.

In mir selbst ist das Meer der unendlichen, ungeteilten Freude. Der Wind der Maya spielt darüber, schafft die Erscheinungen dieser Welt und löst sie wieder auf, den Wellen gleich.

Die Menschen, die in ihrer Unwissenheit die Erscheinung für die Wirklichkeit halten, glauben, ich sei in einer körperlichen und geistigen Form eingeschlossen. Ebenso teilen sie die Zeit, die unteilbar ist und ununterbrochen, in Zyklen, Jahre und Jahreszeiten auf.

Doch gleichzeitig, womit die getäuschten, unwissenden Toren die Wirklichkeit überdecken: sie bleibt unberührt. Der mächtige Fluss einer Fata Morgana kann die trockene Wüste nicht netzen.

Ebenso wie der Äther kann auch ich nicht befleckt werden. Ebenso wie die Sonne bin ich anderes als die Gegenstände, die ich enthülle. Ich bin unbeweglich wie der Berg, uferlos wie das Meer.

Der Himmel wird nicht von den Wolken begrenzt. So werde auch ich nicht vom Körper begrenzt. Wie könnte ich dann von den Zuständen des Wachens, des Träumens oder des Tiefschlafs berührt werden? Diese sind nur körperliche Zustände.

Meine äußere Form kommt und geht. Sie handelt und kostet die Früchte ihrer Handlungen. Sie welkt und stirbt, ich aber bleibe wie ein mächtiger Berg für immer fest und unbeweglich.

Ich kenne weder Begierde noch das Beenden des Begehrens. Denn ich bin immer derselbe, nicht fähig der Teilung. Wie könnte irgendeine Handlung möglich sein für den, der ewig, allumfassend, vollkommen und unendlich ist wie der Himmel? Wonach sollte er streben?

Ich bin ohne Organe, ohne Gestalt, ohne Denkorgan. Wandel berührt mich nicht. Ich bin das ungeteilte, selige Bewusstsein. Wie könnte ich in Handlung, in rechte oder sündige, verstrickt werden? Die Schriften lehren, dass der Atman weder vom Guten noch vom Bösen berührt wird.

Der Mensch ist anders als sein Schatten. Unabhängig von dem, was seinen Schatten berührt – Hitze, Kälte, Gutes oder Böses – bleibt er selbst völlig unberührt.

Die Eigenschaften der beobachteten Gegenstände beeinflussen nicht den Zuschauer, der, nicht an sie gebunden, beiseite steht. Ebensowenig beeinflussen die Gegenstände eines Zimmers die Lampe, die sie erhellt.

Die Sonne ist Zeugin von Handlungen, doch ist sie von ihnen unterschieden. Das Feuer verbrennt alle Dinge, doch ist es von ihnen verschieden. Das Seil wird fälschlicherweise für eine Schlange gehalten, bleibt aber doch ein Seil. So bin auch ich, der unwandelbare Atman, das reine Bewusstsein, von dieser scheinbaren Form unterschieden.

Weder handle ich selbst noch lasse ich andere handeln. Weder mache ich selbst Erfahrungen noch bewirke ich sie bei anderen. Weder sehe ich selbst noch mache ich andere sehen. Ich bin der aus sich selbst leuchtende, der transzendente Atman.

Die Sonne spiegelt sich im Wasser. Wenn sich das Wasser bewegt, meint der Tor, die Sonne bewege sich. Der Atman spiegelt sich im physischen und mentalen Körper wider. Die Körper bewegen sich und handeln und der Tor meint: „Ich handle, ich erfahre, ich werde getötet."

Dieser Körper mag tot ins Wasser oder auf die Erde fallen. Das berührt mich nicht. Der Äther im Krug wird nicht berührt, wenn der Topf zerbricht.

Handeln oder sich freuen, dumm oder schlau oder berauscht sein, frei oder gebunden sein, dies alles sind vorübergehende Zustände des Intellekts. Sie haben nichts mit dem Atman zu tun, mit Brahman, dem Absoluten, dem Einen ohne ein Zweites. Lass Maya zehn, Hunderte oder Tausende Verwandlungen durchmachen – was gehen sie mich an, der keinen Teil an ihnen hat? Kann eine Wolke den Himmel beflecken?

Dieses ganze Weltall – von Maya bis hinab zu den äußeren physischen Formen – ist nur der Schatten Brahmans. Ich bin dieses Brahman, das Eine ohne ein Zweites, unfassbar wie der Äther, ohne Anfang und Ende.

Ich bin Brahman, das Eine ohne ein Zweites, der Grund von allem Sein. Ich offenbare alle Dinge, ich gebe allen Dingen Form, ich bin in allen Dingen und doch kann mich nichts beflecken. Ich bin ewig, rein, unwandelbar, absolut.

Ich bin Brahman, das Eine ohne ein Zweites. Maya, die mannigfaltige, ist in mich eingeschmolzen. Ich bin jenseits der Begriffe und Gedanken, das Wesen aller Dinge. Ich bin die Wahrheit, die Erkenntnis. Ich bin unendlich, ich bin Absolute Seligkeit.

Ich bin jenseits von Handlungen, die Wirklichkeit, die sich nicht ändern kann. Ich habe weder Teile noch Gestalt. Ich bin absolut, ewig. Nichts erhält mich. Ich stehe allein, das Eine ohne ein Zweites.

Ich bin die Seele des Weltalls. Ich bin alle Dinge und über allen Dingen. Ich bin das eine ohne ein Zweites. Ich bin reines Bewusstsein, allein und allumfassend. Ich bin Freude. Ich bin ewiges Leben.

Immer und immer wieder verneige ich mich vor dir, mein edler Herr, mein Meister. Durch die Erhabenheit deiner Gnade habe ich diesen gesegneten Zustand gefunden. Ich bin der Herrscher des Königreiches meiner selbst.

Bis zu diesem Augenblick habe ich geträumt. In meinem Traum wanderte ich durch das Dickicht der Täuschung von Geburt zu Geburt, von Sorgen und Elend aller Art geplagt, Verfall, Tod und Wiedergeburt unterworfen. Der Tiger des Ich griff mich grausam und unablässig an. Nun hast du, Meister, durch dein unendliches Erbarmen mich aus dem Traum geweckt. Du hast mich für immer befreit.

Ich verehre dich, du großer Meister. Du bist eins mit Brahman, eins mit dem strahlenden Licht, das diesen Schatten einer Welt wirft.

Der würdige Schüler hat die Freude des Atman im Samadhi gefunden und ist für immer zum Bewusstsein der Wirklichkeit erwacht. Nun verneigt er sich tief vor seinem großen Meister. Der Meister spricht zu ihm in der Freude seines Herzens diese denkwürdigen Worte:

Unsere Wahrnehmung des Weltalls ist eine unaufhörliche Wahrnehmung Brahmans, wenn auch der Unwissende dessen nicht gewahr ist. Dieses Weltall ist fürwahr nichts anderes als Brahman. Erblicke Brahman überall und unter allen Umständen mit dem Auge des Geistes und einem gleichmütigen Herzen. Wie kann das physische Auge irgendetwas anderes sehen als physische Gegenstände? Wie kann im Bewusstsein eines Erleuchteten irgendetwas anderes sein als die Wirklichkeit?

Wie könnte der Weise die Erfahrung der höchsten Seligkeit schmähen und sich an rein äußeren Formen erfreuen? Wenn der Mond in seiner überwältigenden Schönheit scheint, wer würde dann einen gemalten Mond anschauen wollen?

Die Erfahrung des Unwirklichen bietet uns keine Befriedigung, auch kein Entrinnen aus dem Elend. Darum finde Befriedigung im Genuss der süßen Seligkeit des Atman und lebe für immer glücklich.

Du edle Seele, verbringe auf solche Art deine Tage: Erschaue den Atman überall, erfreue dich der Seligkeit des Atman. Richte deine Gedanken fest auf den Atman, das Eine ohne ein Zweites.

Der Atman ist der Eine, Absolute, Unteilbare. Er ist reines Bewusstsein. Sich viele Formen in ihm vorzustellen, gliche der Vorstellung von Luftschlössern. Wisse, dass du der Atman bist, der immer Selige, das Eine ohne ein Zweites, und erlange endgültigen Frieden. Verharre in der Freude, die Stille ist.

Dieser Zustand der Stille ist ein Zustand vollkommenen Friedens, in dem der Intellekt aufhört, sich mit dem Unwirklichen zu beschäftigen. In dieser Stille erfährt die große Seele, die Brahman kennt und sich eins mit ihm weiß, für immer ungemischte Seligkeit.

Es gibt für den Menschen, der den Atman als sein wahres Sein erfahren hat und der die innerste Seligkeit Atmans gekostet hat, keine größere Freude als diesen Zustand der Stille, in dem alles Verlangen verstummt.

Was er auch tut, ob er geht, sitzt oder liegt, immer lebt der erleuchtete Seher, dessen Ergötzen der Atman ist, in Freude und Freiheit.

Wenn eine große Seele durch Aufhören aller gedanklichen Zerstreuung vollkommenen Gleichmut gefunden und Brahman erfahren hat, dann bedarf sie für ihre Meditation nicht mehr geheiligter Plätze, ethischer Disziplin, bestimmter Stunden, Haltungen, Vorschriften oder besonderer Meditationsobjekte. Seine Erkenntnis des Atman hängt von keinen bestimmten Umständen oder Bedingungen ab.

Oder sind bestimmte Bedingungen notwendig, um erkennen zu können, dass ein Krug ein Krug ist? Nur unsere Organe der Wahrnehmung, die Augen, müssen gesund sein. Dies genügt zur Erkenntnis des Gegenstandes.

Der Atman ist ewig gegenwärtig. Transzendente Erfahrung, die nicht von Ort und Zeit oder Riten der Selbst-Läuterung abhängig ist, offenbart ihn.

Ich brauche keine bestimmte Vorbedingung, keinen Beweis, um zu wissen, dass ich Devadatta heiße. Ebenso verlangt die Erkenntnis des „Ich bin Brahman" für den, der Brahman kennt, keinen Beweis.

Der Atman, der mit seinem eigenen Licht leuchtet, ist Ursache des sichtbaren Weltalls. Wie aber kann irgendetwas in diesem Weltall den Atman offenbaren? Vom Atman getrennt sind diese Erscheinungen wertlos, körperlos, unwirklich.

Die Veden, die Puranas, alle Schriften und lebenden Wesen existieren nur, weil der Atman ist. Wie sollte dann eines von ihnen den Atman offenbaren können, der selbst alles offenbart?

Dieser Atman strahlt in seinem eigenen Licht. Seine Macht ist unendlich, jenseits der Sinneserkenntnisse. Er ist die Quelle aller Erfahrung. Wer den Atman erkennt, ist frei von jeder Bindung. Er ist voller Glanz, der Größte der Großen.

Die Dinge, die durch die Sinne wahrgenommen werden, verursachen ihm weder Kummer noch Freude. Er ist nicht an sie gebunden, noch meidet er sie. In der immerwährenden Seligkeit des Atman ergötzt er sich im eigenen Spiel, genießt er die süße, nie endende Seligkeit im Atman und fühlt sich befriedigt.

Das Kind spielt mit seinen Spielsachen und vergisst dabei selbst Hunger und körperlichen Schmerz. So findet, wer Brahman erkannt hat, Ergötzung im Atman und vergisst alle Gedanken des „Ich“ und „mein“.

Er empfängt mühelos Nahrung, indem er ohne Angst und Sorge um Almosen bittet. Er trinkt aus dem klaren Strom. Er lebt ungehindert und unabhängig und schläft furchtlos im Wald oder auf dem Verbrennungsplatz. Er braucht keine Kleider zu waschen oder zu trocknen, da er keine trägt. Die Erde ist sein Bett. Er schreitet auf der breiten Straße des Vedanta. Sein Spielgefährte ist Brahman, der Immerwährende.

Wer den Atman erkannt hat, identifiziert sich nicht mehr mit seinem Körper. Er ruht in ihm wie in einem Gefährt. Wenn man ihn mit Bequemlichkeiten und Reichtümern versieht, freut er sich an ihnen und spielt mit ihnen wie ein Kind. Er trägt kein äußeres Zeichen eines Heiligen und bleibt völlig ungebunden von den Dingen der Welt.

Er mag teure Kleider tragen oder nackt sein. Er mag in ein Hirsch-, ein Tigerfell oder in reines Wissen gekleidet sein. Er mag wie ein Narr, wie ein Kind, wie ein Unreiner erscheinen. So wandert er in der Welt umher.

In Betrachtung versunken, wandert er allein. Ohne Begierden lebt er unter den Gegenständen der Begierde. Der Atman ist seine ewige Befriedigung. Er sieht des Atman Gegenwart in allen Dingen.

Manchmal erscheint er als Narr, manchmal als Weiser. Manchmal wirkt er herrlich wie ein König, manchmal schwachsinnig. Manchmal ist er ruhig und schweigsam. Dann wieder zieht er Menschen an wie eine Riesenschlange ihre Beute. Manchmal ehren ihn die Menschen, manchmal beleidigen sie ihn, manchmal beachten sie ihn nicht. So lebt der Erleuchtete, immer von höchster Seligkeit erfüllt.

Er hat keine Reichtümer und ist doch immer zufrieden. Er ist hilflos und doch von großer Kraft. Er genießt nichts und lebt doch in unaufhörlicher Freude. Es gibt keinen, der ihm gleicht, und doch sieht er alles als seinesgleichen an.

Er handelt und ist doch nicht durch seine Handlungen gebunden. Er erntet die Früchte vergangener Taten und wird doch nicht von ihnen berührt. Er hat einen Körper, aber er identifiziert sich nicht mit ihm. Er scheint ein Einzelner zu sein und ist doch überall, in allem gegenwärtig.

Wer Brahman kennt und frei von seinem Körper-Bewusstsein lebt, wird niemals von Freude oder Schmerz, von Gutem oder Bösem berührt.

Wenn sich ein Mensch mit den grobstofflichen und den feinstofflichen Hüllen, in denen er lebt, identifiziert, wird er Freude und Leid, Gutes wie Böses erfahren. Nichts aber ist gut oder böse für den beschaulichen Weisen, weil er den Atman erkannt hat und seine Fesseln von ihm abgefallen sind.

Während einer Sonnenfinsternis verdeckt der Mond die Sonne. Der Unwissende, der dies Geschehen nicht versteht, meint, die Sonne sei von der Dunkelheit der Sonnenfinsternis verschlungen. Die Sonne aber kann niemals verschlungen werden.

In gleicher Weise betrachten die Unwissenden den Brahman-Kenner und identifizieren ihn mit seinem Körper. In Wirklichkeit aber ist er frei vom Körper und von jeder anderen Bindung. Für ihn ist der Körper nur ein Schatten.

Er lebt im Körper, betrachtet ihn aber als ein Ding, das von ihm getrennt ist, wie die abgeworfene Haut einer Schlange. Der Körper bewegt sich hin und her, von der Lebenskraft getrieben.

Ein Holzklotz wird vom Fluss nach unten oder oben geschwemmt, der Körper wird vom Strom der Zeit getragen. Er freut sich der Auswirkungen vergangener Handlungen oder leidet unter ihnen.

In früheren Leben, in denen er noch in Unwissenheit verharrte, schuf er das Karma, dessen Auswirkungen er in diesem Leben anscheinend genießt oder erleidet. Nun aber hat er Erleuchtung erlangt und identifiziert sich nicht mehr mit dem Körper. Dieser bewegt sich unter den Gegenständen der Außenwelt und scheint die Auswirkungen der vergangenen Taten ebenso wie der Unwissende zu genießen oder zu erleiden. In Wirklichkeit aber ist er in Brahman festgegründet und bewohnt den Körper nur wie ein ruhiger ungebundener Zuschauer. Sein Denken ist von allen Zerstreuungen frei und unbewegt, wie die Nabe eines Rades.

Weder richtet er seine Sinne auf äußere Gegenstände noch zieht er sie von diesen zurück. Er steht unbeteiligt daneben wie ein Zuschauer. Er verlangt auch nicht Belohnung für seine Handlungen, da er berauscht ist von dem Atman, diesem Nektar reiner Freude.

Wer auf die Verfolgung jedes Zieles in dieser Welt und selbst im Himmel verzichtet und im Atman versunken bleibt, ist fürwahr der Herr Shiva selbst. Er ist der alles überragende Kenner des Brahman.

Obwohl er noch im Körper wohnt, ist er ewig frei. Er hat das gesegnete Ziel erreicht. Er ist der alles überragende Kenner Brahmans. Wenn der Körper von ihm abfällt, verschmilzt er mit Brahman, erlangt er Brahman, das Eine ohne ein Zweites.

Ein Schauspieler bleibt der gleiche, auch wenn er das Kostüm einer Rolle trägt. Der alles überragende Kenner Brahmans bleibt immer Brahman und nichts anderes.

Wenn eine erleuchtete Seele Einheit mit Brahman erlangt hat, mag ihr Körper welken und abfallen wie ein vertrocknetes Blatt. Was schadet es? Sie hat sich schon von ihrem Körper-Bewusstsein gelöst und es im Feuer der Erkenntnis verbrannt.

Die erleuchtete Seele ist ewig ihrer Einheit mit Brahman bewusst. Unaufhörlich genießt sie die Freude des Atman, des Einen ohne ein Zweites. Wenn sie dieses Kleid aus Haut, Fleisch und Knochen ablegt, braucht sie sich nicht zu bekümmern, ob Ort, Zeit und Umstände dafür geeignet sind.

Vom Körper frei sein, bedeutet noch nicht Befreiung. Auch wird ein Mensch nicht durch äußere Formen der Entsagung frei. Befreiung ist das Durchschneiden des Knotens der Unwissenheit im Herzen.

Gewinnt oder verliert ein Baum irgendetwas, wenn eines seiner Blätter in einen Graben und nicht in einen Fluss, wenn es auf geheiligten Grund und nicht auf das offene Feld fällt?

Die Zerstörung des Körpers, der Sinnesorgane, des Lebensatems und des Gehirns gleicht der Zerstörung eines Blattes, einer Blüte oder einer Frucht. Der Atman aber bleibt bestehen wie der Baum. Er wird nicht berührt – er ist das wirkliche Selbst, das wahre Sein, die Verkörperung der Freude.

Die Lehren bezeichnen den Atman als „reines Bewusstsein". Damit bezeugen sie, dass er ewige Wahrheit ist. Nur die äußeren Hüllen sterben. Sie sind aus Unwissenheit gebildet und verbergen den Atman.

„In Wirklichkeit", so sagen die Schriften, „ist der Atman unsterblich". Damit zeigen sie, dass er unzerstörbar unter allen Dingen weilt, die sich wandeln und vergehen.

Steine, Bäume, Gras, Korn, Stroh, Kleider und alle anderen Stoffe werden beim Verbrennen zu Asche. Der Körper, die Sinne, die Lebensenergien, das Denkorgan und alle anderen physischen Erscheinungen werden, vom Feuer der Erkenntnis verbrannt, zu Brahman.

Dunkelheit vergeht in ihrem Gegenteil, dem Sonnenlicht. So vergeht auch diese scheinbare Welt in Brahman.

Wenn der Krug zerbrochen wird, vereint sich die Luft in seinem Inneren mit der Luft, die ihn umgibt. Wenn die Hüllen zerstört werden, wird, wer Brahman erkennt, zu Brahman.

Milch in Milch, Öl in Öl, Wasser in Wasser geschüttet, vermengen sich in eines. So wird der Erleuchtete, der den Atman erkennt, eins mit ihm.

Wer in diesem Leben Befreiung gefunden hat, erlangt Befreiung im Tod und wird auf ewig mit Brahman, der absoluten Wirklichkeit vereint. Ein solcher Seher wird niemals wieder geboren.

Er weiß, dass er eins mit Brahman ist und hat die Hüllen der Unwissenheit im Feuer seiner Erkenntnis verbrannt. So ist er Brahman geworden. Wie kann Brahman der Geburt unterworfen sein?

Sowohl Befreiung wie Gebundenheit sind Einbildungen unserer Unwissenheit. Sie bestehen nicht wirklich im Atman. Ebenso wie ein Stück Seil ein Seil bleibt, gleichgültig, ob wir es irrtümlicherweise für eine Schlange halten oder nicht. Die eingebildete Schlange besteht nicht wirklich im Seil.

Die Menschen sprechen von Bindung und Befreiung und meinen damit die Gegenwart oder Abwesenheit des verhüllenden Schleiers der Unwissenheit. In Wirklichkeit aber hat Brahman keine Umhüllung. Denn es gibt nichts anderes als Brahman, das Eine ohne ein Zweites. Wenn es eine Hülle gäbe, wäre Brahman nicht der Einzige. Die Schriften lassen keine Dualität zu.

Gebundenheit und Befreiung bestehen nur im Denken. Der Unwissende aber misst sie fälschlicherweise dem Atman selbst bei, ebenso wie er behauptet, die Sonne verdunkele sich, wenn sie nur von einer Wolke bedeckt wird. Brahman aber, das Eine ohne ein Zweites, die unwandelbare Wirklichkeit, bleibt ungebunden. Es ist reines Bewusstsein.

Die Annahme, der Atman könne gebunden oder befreit werden, ist falsch. Gebundenheit und Befreiung sind beides nur Bewusstseinszustände. Keiner von beiden kann Brahman, der ewigen Wirklichkeit, beigemessen werden.

Darum sind Gebundenheit wie Befreiung Einbildungen der Unwissenheit. Sie bestehen nicht in Atman. Der Atman ist unendlich, ohne Teile, jenseits von Handlung. Er ist still, unbefleckt, rein. Wie könnte man sich Dualität in Brahman vorstellen, das einheitlich ist wie der Äther, das Eine ohne ein Zweites, die höchste Wirklichkeit?

Es gibt weder Geburt noch Tod, weder eine unfreie noch eine strebende, weder eine befreite Seele noch einen nach

Befreiung Suchenden. – Dies ist die letzte und absolute Wahrheit.

Heute habe ich dir das höchste Geheimnis enthüllt. Dies ist das innerste Wesen des gesamten Vedanta, das Kleinod aller Schriften. Ich betrachte dich als meinen eigenen Sohn, einen wahrhaft nach Befreiung Suchenden. Du bist gereinigt von allen Flecken dieses dunklen Zeitalters, und dein Herz ist frei von Begierde.

Als der Schüler diese Worte seines Meisters vernahm, fiel er ihm voll Ehrfurcht zu Füßen. Dann ging er, von seinem Meister gesegnet, seiner Wege, befreit von den Fesseln der Unwissenheit.

Auch der Meister ging seines Weges und brachte der ganzen Welt Reinheit, da sein Bewusstsein versunken war im Meer des absoluten Seins und der Freude.

In dieser Zwiesprache zwischen Meister und Schüler wurde das wahre Wesen des Atman in einer Weise dargelegt, die der nach Befreiung Suchende leicht zu verstehen vermag.

Mögen die nach Erleuchtung Strebenden, die die Befreiung suchen, die sich durch selbstloses Werk von Unreinheiten des Herzens befreit haben, die weltlichen Freuden abgewandt sind, die sich an den Worten der Schriften erfreuen und deren Gedanken in Frieden eingegangen sind, diese Heilslehre willkommen heißen.

Jenen aber, die unwissend durch die Wüste der Welt wandern, im Kreislauf von Tod und Wiedergeburt, müde, durstig und von heißem Elend wie von der Sonne ausgedörrt, möge diese Lehre Brahman enthüllen, das Eine ohne ein Zweites, den Spender des Entzückens, das Meer des Nektars, das vor unseren Füßen ausgebreitet liegt. Möge diese Lehre des Shankara ihre Mühen zum Erfolg führen und ihnen Befreiung bringen.

OM … Friede – Friede – Friede

Die Erkenntnis der Wahrheit

Tattva-bodha

Nachdem ich meinen Guru gegrüßt habe, den Übermittler der Wahrheitserkenntnis, den König der Yogis, Vasudeva selbst, schreibe ich diese Abhandlung, genannt „Die Erkenntnis der Wahrheit", zum Wohle aller spirituell Suchenden.

Der geeignete Anwärter auf Befreiung *(Moksha)* ist in Wirklichkeit *Brahman* – Absolutes Sein, Absolute Erkenntnis, Absolute Seligkeit – und die materielle Ursache des Universums. Aufgrund seiner Identifizierung mit den Elementen, aus denen diese Welt zusammengesetzt ist, erscheint er jedoch individualisiert. Ich beschreibe den Weg, auf dem er seine Verschiedenheit von den materiellen Zusammensetzungen erfahren kann.

Was sind die Vorbedingungen für den spirituell Suchenden? – Es sind:

Viveka	Unterscheidungsvermögen zwischen dem Wirklichen und dem Unwirklichen.
Vairagya	Verzicht auf alle Freuden und Früchte dieser und der nächsten Welt.
Shatkasampatti	Die „Sechs großen Errungenschaften" wie Innere Beherrschung *(Shama)* und Äußere Beherrschung *(Dama)*.
Mumukshutva	Ernsthaftes und beständiges Ver langen nach Befreiung.

Was ist *Viveka?*	Die Erkenntnis, dass Brahman die Einzige, Ewige Substanz ist und dass alles andere vergeht.

Was ist *Vairagya?*

Das Aufgeben des Verlangens nach Sinnesvergnügen, die Abwesenheit aller Wünsche nach den Freuden dieser Welt und der himmlischen Bereiche.

Was ist *Shatkasampatti?*

Shama, Innere Beherrschung, also Beherrschung des Denkens.
Dama, Äußere Beherrschung, also Beherrschung der Sinnesorgane.
Uparana, Ausübung der eigenen Pflichten *(Dharma).*
Titiksha, das geduldige Ertragen von Hitze und Kälte und den anderen Gegensatzpaaren.
Shraddha, Glaube, also die feste Überzeugung, dass die Worte der Schriften und des Guru Gültigkeit haben.
Samadhana, die Fähigkeit zur Sammlung, das ist Kontemplation an einem einsamen Ort über die Worte des eigenen Guru und die Texte des Vedanta mit gesammelter Aufmerksamkeit und umfasst gleichzeitig die Unterweisung geeigneter Schüler.

Was ist *Mumukshutva?*

Der starke und beständige Wunsch, Befreiung zu erlangen.

Wer diese vier Merkmale aufweist, ist ein geeigneter Schüler.

Was bedeutet die Erkenntnis der Wahrheit?

Das Selbst *(Atman)*	allein ist wirklich und alles andere ist unwirklich. Das Selbst ist das Prinzip, das sich vom groben, feinen und kausalen Körper und den fünf Hüllen unterscheidet; der Zuschauer der drei Zustände des Wachens, Träumens und Tiefschlafs. Es ist ewig dauernd und seinem Wesen nach Absolutes Sein, Absolute Erkenntnis und Absolute Seligkeit *(Sat, Chit, Ananda)*. Dieses Prinzip wird Selbst *(Atman)* genannt.
Der grobstoffliche Körper *(Sthula Sharira)*	ist ein Produkt der fünf Elemente, entstanden aus früheren Handlungen. Er ist das Instrument der angenehmen und schmerzlichen Erfahrungen, das vergänglich ist, dem Schoß einer Mutter entsprungen, langsam wachsend und im Alter verfallend, um schließlich zu sterben. Das ist der grobstoffliche Körper.
Der feinstoffliche Körper *(Sukshma Sharira)*	ist ein Produkt der fünf stofflichen Elemente in ihrer undifferenzierten Form, geboren aus früheren Handlungen. Er ist ein Instrument der Freude und des Leids, versehen mit den fünf Sinnen der Wahrnehmung, den fünf Organen des Handelns und den fünf

Lebensenergien, ausgerüstet mit Denken *(Manas)* und Willen *(Buddhi)*. Das wird der feinstoffliche Körper genannt.

Die fünf Sinne der Wahrnehmung sind Ohren, Haut, Augen, Zunge und Nase.

Dik (Raum)	ist die Gottheit des Hörens.
Vayu (Wind)	kontrolliert den Sinn der Berührung.
Surya (Sonne)	kontrolliert den Sinn des Sehens.
Varuna	kontrolliert den Sinn des Geschmacks.
Ashwini	kontrolliert den Sinn des Geruchs.

· Das Objekt des Hörsinnes ist Klang.
· Das Objekt des Tastsinnes ist Berührung.
· Das Objekt des Sehsinnes ist die Form.
· Das Objekt des Geschmackssinnes ist Geschmack.
· Das Objekt des Geruchssinnes ist Geruch.

Die fünf Organe der Tätigkeit sind Sprache, Hände, Füße, Ausscheidungs- und Zeugungsorgane.

Agni	ist die Gottheit der Sprache.
Indra	ist die Gottheit der Hände.
Vishnu	ist die Gottheit der Füße.
Yama	ist die Gottheit des Todes und beherrscht die Ausscheidungsorgane.
Prajapati	ist die Gottheit der Zeugungsorgane.

- Der Zweck der Sprache ist innere und äußere Objekte auszudrücken.
- Der Zweck der Hände ist das Ergreifen.
- Der Zweck der Füße ist die Bewegung.
- Der Zweck der Ausscheidungsorgane ist die Beseitigung unbrauchbarer Stoffe.
- Der Zweck des Zeugungsorgans ist die Fortpflanzung.

Der Kausalkörper *(Karana Sharira)*	ist das, was weder wirklich noch unwirklich genannt werden kann. Wenn man ihn unwirklich nennt, wie kann die Welt ein Produkt der unwirklichen *Maya* sein? Nennt man ihn wirklich, dann kann er durch die Erkenntnis der Wahrheit nicht zerstört werden. Deshalb nennt man ihn unbeschreibbar. Diese *Maya* ist anfanglos und bloße Erscheinung. Ihre Haupteigenschaft ist Nichterkenntnis *(Ajnana).* Sie ist die Ursache der groben und feinen Körper.

(Anmerkung: Maya ist nichts Negatives. Sie besitzt eine Pseudo-Existenz und ist nicht unabhängig von der Letzten Wirklichkeit – Brahman. Das Einzelwesen kann Maya befristen durch die Erkenntnis der Wahrheit.)

Die drei Bewusstseinszustände des *Jiva* sind Wachen *(Jagrat),* Träumen *(Svapna)* und Tiefschlaf *(Sushupti).*

Wachen	ist der Zustand des Genusses oder der Subjektivierung des Selbstes, in dem Wahrnehmung (wie zum Beispiel das Hören eines Klanges) durch die fünf Sinne geschieht. Das bezeichnen wir als Wachzustand. *Vishwa* ist die Bewusstseinsebene, die mit dem stofflichen Körper in Verbindung steht.
Träumen	Alles, was im Wachzustand erfahren wird, schafft eine Zuneigung und hinterlässt einen feinen Eindruck in der *Buddhi.* Im Schlaf taucht dieser Aspekt der Welt wieder auf und schafft den Traumzustand. *Taijasa* ist die Bewusstseinsebene, die mit dem feinen Körper in Verbindung steht.
Tiefschlaf	ist der traumlose Zustand, in dem der *Jiva* die Erfahrung macht: „Ich wusste nichts. Ich schlief so tief und war so glücklich." Die Zeit, in der dieses geschieht, wird traumloser Schlafzustand genannt. *Prajna* ist die Bewusstseinsebene, die mit dem Kausalkörper in Verbindung steht.

Was sind die fünf Hüllen *(Koshas)?*

Das Wort „Hülle" bezeichnet etwas, was das Selbst, dessen Wesen Bewusstsein ist, überdeckt.

Annamaya Kosha	ist die Nahrungshülle.

Pranamaya Kosha	ist die Vitalhülle.
Manomaya Kosha	ist die Denkhülle.
Vijnanamaya Kosha	ist die Intelligenzhülle.
Anandamaya Kosha	ist die Seligkeitshülle.

Die Nahrungshülle	ist der grobstoffliche Körper, der durch Nahrung entsteht, durch Nahrung wächst und schließlich wieder zu Erde wird, aus der die Nahrung entsteht.
Die Vitalhülle	ist eine Verbindung aus den fünf Lebensenergien und den Tätigkeitsorganen wie der Sprache. Sie ist aktiv, und alle Aktivität des Körpers entsteht durch sie.
Die Denkhülle	besteht aus der Denkfähigkeit und den fünf Sinnen der Wahrnehmung. Ihre Hauptfunktion ist der Wille. Nach welchem Objekt der *Jiva* auch verlangen mag, die Denkhülle sorgt für die Erfüllung des Wunsches.
Die Intelligenzhülle	besteht aus Unterscheidungsvermögen und den fünf Sinnen der Wahrnehmung. Ihre Funktion ist die Erkenntnis. Was erkannt wird, wird durch Unterscheidungsvermögen und die fünf Sinne der Wahrnehmung erkannt.
Die Seligkeitshülle	ist die Grundursache aller anderen Hüllen, Nichterkenntnis genannt. Ihre Funktion ist Freude und Liebe. Sie besteht aus *Sattva,* gemischt

mit *Rajas* und *Tamas.* Sie schafft Freude durch Erlangung begehrter Objekte und Freude durch die Erfahrung angenehmer Dinge.

Dies sind die fünf Hüllen. Das Selbst *(Atman)* ist sich ihrer Einheit bewusst durch Aussagen wie „dies ist mein Körper“, „dies ist meine Intelligenz“, „dies ist meine Erkenntnis“. Da sie vom Selbst *(Atman)* unterschieden sind, können die Hüllen nicht das Selbst sein. Das Selbst ist ihr Zuschauer, und sie sind die Wirkungen der Maya.

Was ist das Selbst?	Das Selbst ist: Wirklichkeit *(Sat),* Bewusstsein *(Chit)* und Seligkeit *(Ananda).*
Was ist Wirklichkeit *(Sat)*?	Das Prinzip, das wandellos dasselbe bleibt, ohne in den drei Zeitunterteilungen zu- oder abzunehmen, wird Wirklichkeit genannt.
Was ist Bewusstsein *(Chit)*?	Das Prinzip, dessen Wesen Erkenntnis ist, das alle Objekte als ihr Zuschauer erkennt und Erfahrung als Merkmal besitzt, wird Bewusstsein genannt.
Was ist Seligkeit *(Ananda)*?	Absolutes Glück, dessen Wesen Erkenntnis ist und das kein Leiden kennt; das bleibende Prinzip der menschlichen Persönlichkeit, das auch *Brahman* genannt wird.

Man sollte sich selbst als *Sat, Chit, Ananda* und *Brahman* erkennen und die Identität seines individualisierten Selbstes mit *Brahman* verwirklichen. Man sollte gleichfalls wissen, dass diese ständig sich wandelnde Welt mit Namen und Formen eine Täuschung ist.

Nun beschreibe ich den Entwicklungs-Prozess der vierundzwanzig kosmischen Elemente aus *Maya* heraus.

Maya ist der Name für das Gleichgewicht der drei *Gunas:*

Sattva	Ausgeglichenheit
Rajas	Tätigkeit
Tamas	Trägheit

Ihr Hintergrund und zugleich ihr Herrscher ist *Brahman.* Sie ist auch unter dem Namen *Mulaprakriti* bekannt, und die Anhänger des *Sankhya* nennen sie *Pradhana.*

Aus dieser Maya entwickelte sich nach dem Willen Brahmans heraus zuerst das Prinzip des Äthers.

Aus dem Äther	entstand Wind *(Vayu).*
Aus dem Wind	entstand Feuer *(Tejas).*
Aus dem Feuer	entstand Wasser *(Apas).*
Aus dem Wasser	entstand Erde *(Prithivi).*

Alle fünf Elemente werden durch die drei *Gunas* charakterisiert.

Aus dem Sattva im Äther wurde *der Gehörsinn* geboren.
Aus dem Sattva in der Luft wurde *der Tastsinn* geboren.
Aus dem Sattva im Feuer wurde *der Sehsinn* geboren.
Aus dem Sattva im Wasser wurde *der Geschmackssinn* geb.
Aus dem Sattva in der Erde wurde *der Geruchssinn* geboren.

Aus dem *Sattva* aller fünf Elemente entstanden:

Manas	das Denken,
Buddhi	die Intelligenz,
Ahamkara	das Ichbewusstsein und
Chitta	das Prinzip des Gefühls und der Erinnerung.
Antahkarana	das Innere Organ, ist die Zusammenfassung der vorhergehenden vier.

Manas	Das Denken, ist das innere Prinzip, das überlegt und zweifelt und Betrachtungen anstellt (ob etwas getan oder gelassen werden soll).
Buddhi	Die Intelligenz, entscheidet darüber, was zu tun ist.
Ahamkara	Das Ichbewusstsein, ist das Prinzip, in dem die Vorstellung entsteht: „Ich habe das und das getan."
Chitta	Die Erinnerung, ist die Erinnerung an Objekte oder ihre Betrachtung.
Antahkarana	Je nach der Erscheinungsform ist ein und dasselbe *Antahkarana* unter diesen vier Namen bekannt.

Die beherrschende Gottheit

des Denkens	ist der Mond,
der Intelligenz	ist *Brahma,*
des Ichbewusstseins	ist *Rudra,*
des *Chitta*	ist *Vasudeva.*

Aus Rajas im Äther wurde *die Sprache* geboren.
Aus Rajas in der Luft wurden *die Hände* geboren.
Aus Rajas im Feuer wurden *die Füße* geboren.
Aus Rajas im Wasser wurden *die Zeugungsorgane* geboren.
Aus Rajas in der Erde wurden *die Ausscheidungsorgane* geboren.

Aus dem ***Rajas*** aller fünf Elemente wurden die fünf Lebensenergien ***(Pranas)*** geboren.

Das Bewusstsein, das *Jiva* genannt wird und diesen Körper belebt, ist eine Reflexion des *Brahman. Jiva* glaubt sich unter dem Einfluss der *Prakriti* als von *Ishvara* getrennt. Eingehüllt vom Medium der Begriffe *(Upadhis),* die als Unwissenheit *(Avidya)* bekannt sind, wird das Selbst *Jiva* genannt.

(Anmerkungen: In einem mit Wasser gefüllten Gefäß reflektiert sich die Sonne. Wird das Gefäß zerstört, vereinigt sich die Reflexion wieder mit der Sonne. Genauso vereinigt sich die Reflexion des *Brahman* in *Ajnana* wieder mit *Brahman,* wenn *Ajnana* zerstört wird. Vor der Erkenntnis des *Brahman* und umhüllt von *Avidya,* hält sich der *Jiva* für von *Ishvara* getrennt. Mit den Auswirkungen von *Avidya* identifiziert – also mit den groben und feinen Körpern, die wie Wasser und Milch vermischt sind –, widmet sich der *Jiva* dem Vergnügen an Objekten und der Ausübung vieler Handlungen. Als Folge seines Tuns genießt er Freude und Schmerz. *Avidya* ist der Aspekt der *Maya,* in dem *Rajas* und *Tamas* dominieren. Von dieser *Avidya* beherrscht und mit dem groben und feinen Körper identifiziert, behält die Reflexion des *Brahman* den Namen *Jiva.* Wird *Avidya* überwunden, dann erfährt der *Jiva* seine Einheit mit *Brahman.*)

Die Reflexion des *Brahman* in *Maya* wird *Ishvara* genannt. Er ist der Schöpfer des Universums. Er ist Reines Bewusstsein. Er ist Wahrheit, denn Er verbleibt in Seiner eigenen, ewigen Herrlichkeit. Solange man einen Unterschied macht zwischen *Jiva* und *Ishvara* – weil sie durch *Avidya* beziehungsweise durch *Maya* bestimmt sind –, so lange ist der *Jiva* Geburt und Tod unterworfen und nicht von *Sansara* befreit. Aus diesem Grunde sollte man keinen Unterschied sehen oder empfinden zwischen *Jiva* und *Ishvara.*

Beide werden durch den Prozess der Selbsterkenntnis als *Brahman* erkannt.

Man mag einwenden, dass die Identität von *Jiva* und *Ishvara* eine Unmöglichkeit ist. *Jiva* ist mit Egoismus behaftet und besitzt geringe Erkenntnis, während *Ishvara* allwissend ist. Das Wesen des einen widerspricht dem Wesen des anderen; wie können solch widersprüchliche Einheiten identisch sein? Indem man die Feststellung „Das bist Du" *(Tat Tvam Asi)* von einem geeigneten, liebevollen Lehrer vernimmt.

Der *Jiva,* der den groben und feinen Körper kennt und sich mit beiden identifiziert, wird in dem Satz *Tat Tvam Asi* mit *Tvam* (Du) bezeichnet. Reines Bewusstsein, frei von jeglicher Bedingung, wird mit dem Wort *Tat* (Das) bezeichnet. Die Bedeutung des Satzes mit diesen drei Wörtern ist, dass der *Jiva* und der Allwissende *Ishvara* ein und dasselbe sind. Man sollte beachten, dass die Wörter *Tat* (Das) und *Tvam* (Du) zwei Bedeutungen haben: einmal die scheinbare, und dann die Bedeutung, die übermittelt werden soll.

(Anmerkung: Das Wort „Krug" in seiner scheinbaren Bedeutung bezeichnet ein rundes, hohles Objekt, aber die Wirklichkeit des Kruges ist Lehm, aus dem er gemacht ist. Genauso wird das durch *Maya* gefärbte Bewusstsein mit

„Das" bezeichnet, und dasselbe Bewusstsein, von *Avidya* bedingt, mit „Du". Beide meinen aber *Brahman,* in dem *Maya* und *Avidya* unwirkliche Erscheinungen sind.)

Ishvara mit Eigenschaften wie Allwissenheit, wird in Seiner scheinbaren Bedeutung mit dem Wort „Das" bezeichnet. Die wirkliche Bedeutung des Wortes „Das" aber ist *Brahman* oder *Ishvara* als Reines Bewusstsein, frei von den unwirklichen Prinzipien der *Maya.* Die scheinbare Bedeutung der Wörter „Das" und „Du" scheint widersprüchlich zu sein, aber der wirkliche Hintergrund von beiden ist Reines Bewusstsein. Darum sind *Jiva* und *Ishvara* als Reines Bewusstsein identisch.

Mit Hilfe der Vedanta-Feststellung *(Mahavakya),* die von einem überlegenen Lehrer achtungsvoll vernommen wird, erlangt der Strebende das göttliche Verständnis, dass alle Wesen *Brahman* sind und *Jivanmuktas* genannt werden.

Was ist ein *Jivanmukta* in Wirklichkeit? Wer die direkte Wahrnehmung erlangt hat: „Ich bin bindungslos, ich bin Wahrheit, Bewusstsein, Seligkeit, selbsterleuchtet, Beherrscher aller Dinge, und *Chit* und nichts als *Chit* allein."

Wer gleichzeitig die irrtümliche Vorstellung abgelegt hat: „Ich bin der Körper, ich bin ein Brahmane, ich bin ein Shudra, ich bin ein Mann." Nur der allein ist ein *Jivanmukta.* „Ich bin *Brahman*" – diese direkte Erkenntnis befreit den Menschen von den Fesseln des Handelns *(Karma).*

Wie viele Arten des Handelns gibt es?

Agami Karma	sind die guten oder schlechten Handlungen, die durch den Körper eines selbstverwirklichten Heiligen versehen werden.

Sanshita Karma oder angesammeltes Tun ist das *Karma,* das in Millionen von Geburten vor der Selbstverwirklichung geschaffen wurde und mit seinen feinen Eindrücken als Vorzug und Mangel im *Jiva* verbleibt.

Prarabdha Karma ist der Teil vergangener Handlungen, der den gegenwärtigen Körper hervorgebracht hat und die Erfahrung von Freude und Leid in ihm verursacht.

Prarabdha bedeutet wörtlich „das in Auswirkung befindliche Ergebnis früherer Handlungen". *Prarabdha Karma* muss durchgestanden werden, bis es erschöpft ist.

Sanshita Karma, das angesammelte Tun vieler Geburten, wird durch die Erkenntnis *„Ich bin Brahman"* vernichtet, und das jetzt geschaffene *Karma* wird bedeutungs- und wirkungslos nach der Erkenntnis „Ich bin *Brahman"*. So wie Wassertropfen auf Lotusblättern keine Wirkung haben, so hat das *Karma* auf den *Jnani* keine Wirkung, nachdem er erkannt hat „Ich bin *Brahman"*.

Diejenigen, die dem *Jnani* mit Zuneigung dienen, ernten das gute *Karma,* das der *Jnani* nach seiner Selbstverwirklichung vollbracht hat. Diejenigen aber, die sich gegen den *Jnani* stellen, ihm Schmerzen bereiten oder ihm feindlich gesinnt sind, ernten das schlechte *Karma,* das der *Jnani* in der Vergangenheit geschaffen hat.

Dies ist der Weg, auf dem der Kenner des Selbstes über *Sansara* hinausgelangt und in diesem Leben die ewige Seligkeit *Brahmans* erfährt. Die Shruti sagen: „Der *Jnani* überwindet das Leid." Die Smriti sagen: „Ob der *Jnani* seinen Körper in der heiligen Stadt Benares aufgibt oder im Hause eines Unberührbaren – er ist befreit *(mukta)*, da er sein Inneres Organ geläutert hat. Der Tod mag sich jederzeit einstellen, es spielt keine Rolle.“

Hiermit endet die Abhandlung, genannt
Tattva-bodha
Die Erkenntnis der Wahrheit
OM

Nachwort

Shankaras Vedanta und das Abendland

Was ist Vedanta?

Ehe wir uns den Praktiken, Methoden und Zielen des Vedanta zuwenden, sollten wir uns darüber klarwerden, was sich hinter dem Begriff Vedanta verbirgt. Der Begriff steht nicht für eine Religion, sondern für eine Philosophie; dies jedoch nicht im westlichen Sinne einer intellektuellen Spekulation, sondern einer intuitiven Schau der Zusammenhänge zwischen dem Menschen und Gott. Der Vedanta ist eine Erkenntnisform des Hinduismus, und da in diesem Religion und Philosophie nahtlos ineinander übergehen, ist er eine religiöse Philosophie.

Die Religion der Hindus beruht auf den Erkenntnissen und Offenbarungen der Veden. Die Veden sind die heiligen Schriften, die das Wissen (veda) der alten Seher und Weisen in mehr oder minder verhüllter schriftlicher Form enthalten. *Veda-anta* bedeutet das Ende (die Vollendung) der Veden, er ist die philosophische Schlussbetrachtung aller vedischen Erkenntnisse in Form der *Upanishaden* (Geheimlehren) und anderer Schriften wie zum Beispiel der *Bhagavad Gita.*

Wann die Veden entstanden sind, ist schwer zu sagen. Man kann wohl die Zeit um 2000 v. Chr. als ihr Entstehungsdatum annehmen, aber da die Inder die Zeit nicht so statisch ansehen wie wir, sind Daten für sie nicht so wichtig. Der *Veda* besteht aus vier *Samhitas* (Sammlungen), und da die Hindus ihre Religion *Sanatana Dharma* nennen – das, was den Rishis (Sehern) in ihrer Kontemplation offenbart wurde –, somit ein Religionsgründer fehlt, werden diese Schriften als *Shruti* bezeichnet, „Das, was offenbart wurde".

Die vier *Veden* sind: der *Rig-Veda,* der *Sama-Veda,* der *Yajur-Veda* und der *Atharva-Veda.*

Der gesamte Veda wird in den *Karmakanda* und den *Jnanakanda* unterteilt. Der *Karmakanda,* der Werkteil, enthält die Riten, Opfer- und Zaubersprüche und alle Praktiken, die den Anbetenden Gottes Gunst verschaffen sollen. Der *Jnanakanda,* der Erkenntnisteil, befasst sich ausschließlich mit der Erkenntnis des *Brahman,* des Letzten, Höchsten, Absoluten. Die *Upanishaden* werden zum *Jnanakanda* gerechnet.

Wann sie entstanden sind, ist ungewiss; man kann wohl annehmen, zwischen 1200 und 800 v. Chr.

Veden und *Upanishaden* sind jahrhundertelang nur mündlich überliefert worden, und man vermutet, dass zahlreiche *Upanishaden* verlorengegangen sind; heute sind noch einhundertacht bekannt.

Wir haben vom „Erkenntnisteil" gesprochen, und so taucht die Frage auf, was erkannt werden soll. Die *Upanishaden* enthalten keine akademisch betriebene intellektuelle Philosophie, sondern praktische Hinweise und Ratschläge für Menschen, die ein spirituelles Leben suchen, weil sie ahnen, dass sie weit mehr sind als nur ein körperidentifiziertes, ichgebundenes Tagesbewusstsein. Es gilt also zu erkennen, dass unser wirkliches Selbst *(Atman)* eins ist mit dem Göttlichen, Absoluten *(Brahman).* Daher der große Lehrsatz des Vedanta, den man in vielen *Upanishaden* findet: *Tat Tvam Asi* – Das bist Du. *Tat* bezeichnet das Absolute *(Brahman), Tvam* die begrenzte individuelle Seele *(Jiva),* und *Asi* die ewige, unzerstörbare Identität der beiden. Dieser Meditationssatz des Guru ist dem Verstand nicht zugänglich; für das diskursive Denken ist er geradezu absurd und blasphemisch. Nur in tiefer Meditation, wenn alle Denkbegrenzungen fallen, wird diese Identität unmittelbar erfahren und schafft unvergleichliche Glückseligkeit und unerschütterlichen Frieden. Schopenhauer sagte: „In der ganzen Welt gibt es kein Studium, das so zuträglich und erhebend wäre wie das der *Upanishaden*. Sie sind der Trost meines Lebens gewesen und werden der meines Sterbens sein."

Vedanta im Abendland

Wenn man fragt, wann wir hier im Westen zuerst von den Erfahrungen und Lehren des Vedanta etwas vernommen haben, dann könnte die Antwort lauten: schon im frühen Mittelalter von den christlichen Mystikern. Im *Rig-Veda* heißt es: „Es gibt nur eine Wahrheit, aber die Weisen nennen sie mit verschiedenen Namen." Die *Upanishaden* behaupten: „Wer *Brahman* erkennt, wird zu *Brahman*." Meister Eckehart sagt: „Gott sehen heißt, zu sehen wie Gott sieht." Verschieden formulierte Aussagen über die gleiche Bewusstseinslage. Haben wir uns mit christlicher Mystik befasst und studieren dann den Vedanta, dann werden wir immer wieder erstaunt sein über die völlige Identität der zugrundeliegenden spirituellen Erfahrungen, ja sogar der Praktiken. Für den Abendländer ist es eine große Überraschung, wenn er feststellt, dass viele Swamis des Ramakrishna-Ordens, die ja philosophisch in der Shankara-Tradition ausgebildet sind, eine aufrichtige Bewunderung für Meister Eckehart hegen, viele seiner Aussprüche kennen und ihn als echten Vedantin bezeichnen.

Nehmen wir ein Beispiel für die völlige Übereinstimmung in der Aussage über die letzte Verwirklichung: In der Abhandlung „Die Erkenntnis der Wahrheit“ von Shankara, deren Text in diesem Buch enthalten ist, finden wir Ausführungen über die uns bekannten drei Bewusstseinszustände und die zu ihnen gehörenden Hüllen. Der Vedanta vermittelt die klare Erkenntnis, dass es über die drei Zustände des Wachens, Träumens und Tiefschlafs hinaus einen vierten gibt, der – überbewusst und übersinnlich – auch dann vorhanden ist, wenn er sich nicht in den Gedankenformen des Wachens oder Träumens manifestiert, und durch den die anderen drei erst ermöglicht werden. Da es der vierte, absolute Bewusstseinszustand ist, hat man ihn *Turiya*, den „vierten“ genannt, aber auch Begriffe wie *Samadhi, Nirvana, Satchitananda* und *Satori* beziehen sich auf dasselbe Bewusstsein. Die Seher des Vedanta machten die Erfahrung, dass es eine ganze Skala von *Samadhi*-Zuständen gibt. Jedes Erlebnis, das uns unserer Körperbegrenzung und Ichgebundenheit entrückt, ist ein *Samadhi*-Zustand. Ein Künstler oder Wissenschaftler, der ganz in seine Beschäftigung versunken ist, kann *Samadhi* erleben und dabei die Pforten seiner Intuition öffnen für Erfahrungen und Erkenntnisse, die das diskursive Denken ihm nie hätte offenbaren können. Alle großen Schritte der Menschheitserkenntnis sind auf diesem Wege erfolgt. Man nennt diese Bewusstseinszustände, auch die, in denen okkulte Kräfte erlangt werden, den niederen *Samadhi.*

Will ein Mensch aber mehr, weiß er, dass sein Lebensziel nur sein kann, Gott zu schauen, und verlangt er nach Ihm wie ein Ertrinkender nach Atem, dann erlangt er die Schau Gottes, der ja verdeckt in ihm vorhanden ist. Er vergisst seine begrenzte Individualität und genießt die Gegenwart Gottes. Diesen *Samadhi*-Zustand nennt man

Savikalpa Samadhi, Überbewusstsein, aber noch mit Keimkraft. Ein reifes Ego ist noch geblieben, das ‚Gott' in einer Subjekt-Objekt-Beziehung genießt; der Bewusstseinsinhalt ‚Gott' kann durch einen anderen wieder verdrängt werden, wodurch das *Karma* weiterkeimt. Somit kann das nicht der letzte und höchste Zustand sein. Man gelangt bei weiterem Bemühen und Meditieren zum *Nirvikalpa Samadhi,* in dem auch die letzte Keimkraft im Feuer der Erkenntnis verbrannt wird.

Keine Subjekt-Objekt-Beziehung mehr, keine Dualität, kein Wunsch, kein Ego, nur ein „Sehen wie Gott sieht", also Absolutes Gewahrsein ohne Objekt mit Namen und Form. Die Hindu-Tradition sagt, dass nach Erlangung dieses Zustandes der Körper höchstens noch einundzwanzig Tage währt, da kein Ego mehr vorhanden ist und somit kein Wunsch, ihn für irgend etwas zu erhalten. Alle Wünsche sind erfüllt, und es ist Das erkannt, wodurch alles erkannt wird.

Wenden wir uns nun der christlichen Mystik zu, so finden wir im Mittelalter neben der Liebfrauenminne die gewaltige Kraft der Gottesminne. Betrachten wir, was uns Meister Eckehart, Tauler, Seuse, Ruysbroek und andere hinterlassen haben, dann finden wir hier im Rahmen des Christentums die gleiche Wahrheitserkenntnis und Verwirklichung. Wenn wir dann noch die weiblichen Mystiker in Betracht ziehen wie Hildegard von Bingen oder Mechthild von Magdeburgs Schilderung über das „Fließende Licht der Gottheit" und die überwältigende Hingabe an Gott bei Juliane von Norwich und Teresa von Avila, dann wundert es uns nicht, dass für sie alle die *Visio Dei* ein erlangbarer Zustand war. Sie alle haben offenbar mehr oder weniger klar *Savikalpa Samadhi* erfahren. Doch nun kommt das Erstaunliche und die verblüffende Parallele zum Vedanta, dass nämlich diese Mystiker mit der Schau Gottes nicht zufrieden waren. Sie wollten mehr: eins werden mit Gott, frei werden vom Ego und allen irdischen Begrenzungen. Dass einige es geschafft haben, wissen wir trotz der Unzulänglichkeit der Sprache, in der sie davon gesprochen haben; ihre Erfahrung der *Unio Mystica* ist völlig identisch mit der des *Nirvikalpa Samadhi*. Aus dieser Sicht können uns also Erfahrungen und Begriffe des Vedanta so fremd nicht sein.

Betrachten wir den Einfluss des Vedanta auf den Westen historisch, dann müssen wir diesen Verwirklichungsaspekt jedoch außer acht lassen. Man sagt, die ersten Nachrichten von den *Upanishaden* seien über Persien nach Frankreich gelangt. Schlegel und Tieck machten aus dem Französischen die ersten deutschen Übersetzungen, und Schopenhauer wird durch sie mit der Materie bekannt geworden sein; sein Urteil haben wir bereits vernommen. Sein Schüler Paul Deussen wurde von seiner Begeisterung angesteckt und sattelte um auf Indologie. Mit ihm kam die große Zeit der Wiederentdeckung der Vedanta-Weisheiten durch die deutschen Indologen.

Professor Deussen lehrte in Kiel. 1894 brachte er in der Reihe „Geschichte der Philosophie mit besonderer Berücksichtigung der Religionen“ einen Band heraus, in dem er die Philosophie des *Veda* bis zu den *Upanishaden* behandelte. Aus dieser Zeit stammt sein Ausspruch: „Am Baume indischer Weisheit gibt es keine schönere Blüte als die Upanishaden, keine feinere Frucht als die Vedanta-Philosophie.“

In England lehrte damals Professor Max Müller an den Universitäten von Oxford und Cambridge Sanskrit und Hindu-Philosophie. 1882 hielt er in Cambridge Vorlesungen über die Lehren des *Veda* und die Philosophie des Vedanta. 1884 erschienen diese Vorlesungen in deutscher Übersetzung beim Wilhelm Engelmann Verlag in Leipzig.

1897 brachte Professor Deussen sein umfangreiches Werk *Sechzig Upanishaden des Veda* heraus. Alle *Upanishaden* hatte er direkt aus dem Sanskrit übersetzt. 1908 erschien in der oben erwähnten Reihe sein Werk *Die nachvedische Philosophie der Inder,* in dem er die sechs *Darshanas* und besonders den Vedanta in der Auffassung Shankaras und Sadanandas behandelte. Seitdem ist an den indologischen Seminaren der deutschen Universitäten bis hin zu Professor von Glasenapp Großes geleistet worden. Professor von Glasenapp hat sich in seinem Buch *Der Stufenweg zum Göttlichen* sehr ausführlich mit Shankaras Philosophie der All-Einheit, wie er sie nennt, befasst.

Doch kehren wir nun zu den Praktikern zurück, die als Erleuchtete den Weg zur Erfahrung unseres eigenen göttlichen Selbstes zeigen können. Gehen müssen wir ihn selbst, der „Huckepackverkehr" auf den Schultern des Guru wird immer ein frommer Wunsch bleiben.

Zu den bedeutendsten Schülern Ramakrishnas (1836 bis 1886), der in Indien lehrte, zählte der indische Mystiker Vivekananda (1863-1902). Er kann als eine lebende Verkörperung des Vedanta bezeichnet werden. Er brachte dem ersten Weltkongress der Religionen in Chicago (1893) die Botschaft von der Einheit der Religionen und gründete 1897 die *Ramakrishna-Mission* in Amerika zur Verbreitung der Vedantalehre.

Ein erstes Zentrum in Europa bildete sich 1915 in Norwegen um den *Sadhu* Ananda Acharya, der in Christiania, dem heutigen Oslo, Vorträge hielt, die 1917 in London unter dem Titel *Brahmadarsanam* oder die „Intuition des Absoluten" erschienen.

Das Buch umfasst die Ausführungen des *Sadhu* über Shankaras *Advaita* bis zur Übereinstimmung der Erkenntnis der Veden mit der modernen Wissenschaft.

1933 kam durch die Bemühungen von Wolfram Koch, der damals in Wiesbaden lebte und sich schon eingehend mit indischer Philosophie befasst hatte, Swami Yatiswarananda nach Wiesbaden, wo er eine Vedanta-Gruppe gründete, die 1935 aus politischen wie auch wirtschaftlichen Gründen mit Wolfram Koch nach St. Moritz ging.

Nach dem Kriege wurde 1965 Das „Vedanta-Zentrum Wiesbaden" in Deutschland neu gegründet. Es hat seinen Sitz seit 1973 in Fulda-Petersberg, wo auch die Zeitschrift „Vedanta" erscheint. Es besteht eine enge Zusammenarbeit mit weiteren Zentren in Gretz bei Paris, Bourne-End bei London, in London und in Genf.

Vedanta und das Christentum

Jesus sagt – und dieser Ausspruch wird von den indischen spirituellen Lehrern immer wieder zitiert –: „Das Reich Gottes ist inwendig in euch."

Ramakrishna sagt: „Nur der Unwissende sucht Gott außerhalb. Der Wissende fühlt Gott im eigenen Herzen. Hat aber einer das Reich Gottes im Innern wahrgenommen, so sitzt er zu Füßen Gottes und erkennt: Gott ist allgegenwärtig."

Wie kann es da zwischen Vedanta und der christlichen Lehre einen wirklichen Widerspruch geben? Die Bibel ist eine Schatzkammer voller Weisheit und religiöser Wahrheiten. Alles, was je über Gott und Sein Verhältnis zu den Menschen ausgesagt wurde und dem menschlichen Verständnis zugängig ist, finden wir in der Bibel. Aber haben wir noch die richtige Anleitung, das zu finden und für unser Alltagsleben nutzbar zu machen?

In allen heiligen Schriften der Menschheit finden wir drei Schichten: das ausgesprochene Wort, um das der Streit der Pandits, Wissenschaftler, Theologen und Sektierer kein Ende nimmt; das Angedeutete, das der Intelligenz und eigener Anstrengung bedarf, um erfasst werden zu können; und das „Geheime", das zwar nicht geheimgehalten wird, das aber nur auf einer mystischen Wellenlänge sendet, für die man die Antenne erst entwickeln muss.

Das ausgesprochene Wort entstammt der Ebene des diskursiven Denkens. Von Aristoteles über die Scholastiker bis zur Aufklärung hat der Westen systematisch ein Fortschrittsdenken entwickelt, das zwar christlich orientiert ist, aber von „Gott in uns" weggeführt hat. Durch die physikalische Analyse des Universums glaubte man, das entdecken zu können, was der Gläubige Gott nennt. Religion jeder Art wurde hingestellt als ein Gefühlsabenteuer ohne Beweiskraft. Dieses Denken hat uns zwar zum Mond gebracht, befördert uns in Überschallgeschwindigkeit zu anderen Kontinenten, hat uns aber unserem wirklichen Selbst, dem größten aller Geheimnisse, keinen Schritt nähergebracht.

Vedanta ist die Wissenschaft vom Absoluten, von Gott. Da der Vedanta als Erkenntnismethode und als Weg zur religiösen Erfahrung im Grunde nicht an eine bestimmte Religion und Kultur gebunden ist, vermag er ebenso aus einem Christen einen besseren Christen oder aus einem Moslem einen besseren Moslem zu machen, wie er aus einem Hindu einen besseren Hindu machen kann. Sein wichtigstes Anliegen ist es, den Menschen zu der ihrem Wesen nach völlig eigenschaftslosen unmittelbaren Erfahrung der letzten Wirklichkeit zu führen, aus der alle

Religionen entsprungen sind. Erst nach dem Durchgang durch diese Erfahrung ist ein Mensch in der Lage, die Wahrheit der heiligen Schriften zu erkennen – gleich aus welcher Kultur diese Schriften stammen und auf welchem Weg er zu der zentralen religiösen Erfahrung gelangt ist.

So ist es möglich, dass ein Christ, der den Erkenntnisweg des Vedanta gehen kann, ohne seinen christlichen Glauben deshalb aufgeben zu müssen, sich durch die Auseinandersetzung mit dem Vedanta den Zugang zur spirituellen Schatzkammer der Bibel erst erschließt, weil dessen meditative Schulung in ihm die Antenne für die dritte Schicht der heiligen Schriften heranbildet.

Für die Anhänger der Vedanta ist Christus eine der Göttlichen Inkarnationen *(Avatar)*, die aus voller Erleuchtung sprechen. Erleuchtung ist der höchste Bewusstseinszustand, und da die Seher des Vedanta Das zu erkennen trachteten, wodurch alles erkannt wird, wurde der Vedanta die Wissenschaft des Bewusstseins. Statt in die veränderliche, vergängliche Erscheinungswelt hineinzuforschen, befasst er sich mit dem unwandelbaren, ewigen *Atman*, dem Zuschauer aller Vorgänge innen und außen.

Jesus lehrte: „Das Reich Gottes ist in euch." Er wusste, wovon er sprach, denn er hat ferner gesagt: „Ich und mein Vater sind Eins." Deshalb hat Jesus bei den modernen Vertretern des Vedanta ungemeine Verehrung und Würdigung gefunden.

Ramakrishna hat während der Zeit seiner *Sadhanas* wochenlang nur christliche Lehren praktiziert und sie sich aus der Bibel vorlesen lassen, bis er eines Tages eine Vision Christi hatte, der auf ihn zukam und in ihn einging. Daraufhin hat er später immer wieder erklärt, dass Jesus eine Göttliche Inkarnation und die christliche Lehre ein Weg zur Verwirklichung Gottes sei. Wenn man Swami Vivekanandas Vorträge über Jesus liest oder Swami Prabhavanandas Kommentare zur Bergpredigt, dann spürt man ihre Verehrung einer Göttlichen Inkarnation gegenüber.

Vedanta zeigt uns den Weg nach innen. Er hat systematisch unser inneres Organ *(Antahkarana)* studiert und entdeckt, dass Absolutes, Ewiges Bewusstsein von einem erkenntnislosen Ego benutzt wird, um darauf Körperidentifizierung, Dualität und Kausalität zu projizieren. Die Welt der Vielheit und Gegensatzpaare wird in dieser Projektion so wirklich, dass wir ihren eigentlichen Hintergrund – Gott – dabei vergessen. Dieses Täuschungsdenken ist Herr über unser alltägliches Wachbewusstsein und unsere Träume. Vedanta aber verkündet: „Ihr seid viel mehr, ihr seid auch Tiefschlaf und *Turiya,* der vierte Bewusstseinszustand, ohne den die drei anderen – Tagesbewusstsein, Traumbewusstsein und Tiefschlaf – nicht möglich sind. Da *Turiya* in euch ist, tragt ihr auch Gott und Sein Reich in eurem Herzen."

Auf diese Erfahrung kommt es an, und wenn wir, unterstützt von den psychologischen Erkenntnissen des Vedanta, Christi Lehren befolgen und verwirklichen, werden wir entdecken, dass wir nie Sünder waren, sondern immer Kinder Gottes, Kinder der Unsterblichkeit.

Die Erkenntnismethoden des Vedanta

Eines der Hauptanliegen des Vedanta ist die Betrachtung und Analyse unserer subjektiven Weltbetrachtung im Tagesbewusstsein. Die erste Feststellung: Es gibt in ihm nichts, was wir objektiv nennen können. Ego, Denken und *Maya* (Illusion) sind identisch. Das Ego benutzt das Denken, und das Denken schafft diese *Maya. Maya* produziert wieder Egos, und so geht der Kreislauf endlos weiter, ohne Anfang und Ende. Was *Maya* ist, kann der Verstand nicht begreifen und erklären. Verstehen können wir diese Maya nicht, aber darüber hinausgelangen.

Hier kommt der in Ost und West von den Wahrheitssuchenden immer wieder vorgebrachte Einwand: Wenn aus irgendeinem Grund der *Atman* als Ego erscheint, dann ist diese irrtümliche Identifizierung ohne Anfang und Ende. Da dieser Irrtum somit ewig währt, muss doch die Wanderung durch Geburt, Tod und Wiedergeburt für immer weitergehen, da *Maya*-Mittel Maya nicht auflösen können. Wieso kann es da Erleuchtung und Befreiung geben?

Vedanta antwortet darauf mit dem Ausspruch: „*Maya* zerschlägt den Knoten der *Maya*" und bringt als Beispiel folgende instruktive Geschichte: Ein Mensch hat einen bedrückenden Traum. Er bahnt sich einen Weg durch den Dschungel, und plötzlich steht ein angriffsbereiter Tiger vor ihm. Angstschweiß bricht ihm aus, sein Herz schlägt wie wahnsinnig, und er ist vor Entsetzen wie gelähmt. Plötzlich entsinnt er sich seines Revolvers, erschießt den Tiger und wacht auf. Der Traum war eine Projektion seines Denkens, auch der Tiger und der Revolver. Aber der Traumrevolver befreite ihn von dem Traumtiger.

Wenn ein Mensch spirituell erwacht und sich durch Läuterung, Unterscheidungsvermögen und Meditation aus der Nichterkenntnis befreit, verliert er alle Furcht, da er die Identität seines Selbstes mit *Brahman* erkannt hat. Was könnte er da noch fürchten? Die spirituellen Lehrer weisen immer wieder auf die Möglichkeit böser Träume hin, aus denen wir schweißgebadet aufwachen und erleichtert sagen: „Gott sei Dank, dass es nur ein Traum war!" Sie fügen dann hinzu: „Wann wacht ihr endlich auf aus dem Angsttraum eures Wachbewusstseins, krank, gebrechlich und alt zu werden und sterben zu müssen?"

Maya ist ohne Brahman nicht möglich, aber wahrnehmbar ist immer nur eines von beiden. Krishna sagt in der *Bhagavad Gita:* „Alle Geschöpfe sind in Mir, aber Ich nicht in ihnen." Diese Nuss gilt es zu knacken. Vedanta sagt: *„Maya* ist und ist nicht." Für den Verstand ist das wie das Zen-Koan vom Klatschen der einen Hand. *Maya* ist nicht möglich ohne *Brahman,* aber *Brahman* ist für uns nicht möglich ohne *Maya.* Was wüssten wir über *Brahman* ohne sie, welche Erkenntnismittel hätten wir ohne sie? Denn schließlich ist auch Meditation eine *Maya*-Technik.

Damit diese *Maya* für uns sichtbar wird, muss sie die Gestalt der Natur annehmen, die sich als Namen und Formen des Universums vor uns ausbreitet. Vedanta nennt sie *Prakriti,* und Krishna sagt in der *Bhagavad Gita:* „Ich bin der Herr meiner *Prakriti."*

Diese Prakriti ist aus den drei *Gunas* zusammengesetzt. Der Leser hat im Viveka Chudamani ausführlich darüber gelesen. Wir wollen nur kurz ihre spezifischen Merkmale aufzeichnen. Die drei *Gunas* sind: *Tamas, Rajas* und *Sattva. Tamas* besteht aus Trägheit, Dumpfheit, Interesselosigkeit, Täuschung und Unwissenheit. *Rajas* besteht aus Gier, Neid, Selbstsucht, Eifer, Tatendrang und Herrschsucht. *Rajas* ist die Ursache aller Verhaftungen. *Sattva* besteht aus Demut, Mitleid, Wahrhaftigkeit, Zufriedenheit, Begierdelosigkeit und Streben nach Befreiung. Diese drei sind nun nicht in wasserdichte Abteilungen getrennt in dieser *Prakriti* verteilt, sondern befinden sich in einem unvorstellbaren Gemisch aller Möglichkeiten, wobei jeweils ein *Guna* dominiert, je nach Streben, Ambition und Erkenntnis, deren Ursachen nicht nur in diesem Leben zu suchen sind. Alles in diesem Universum, die sogenannten leblosen Dinge, die Pflanzen, die Tiere und die Menschen, wird von den drei *Gunas* beherrscht. Der Vedanta nennt sie die drei Räuber und erzählt dazu folgende Geschichte.

Ein Händler befindet sich nach einem erfolgreichen Geschäft auf dem Weg in sein Heimatdorf. In einem Wald wird er von den drei Räubern *Tamas, Rajas* und *Sattva* überfallen. Nachdem sie ihn ausgeplündert haben, sagt *Tamas:* „Er kennt uns jetzt. Wenn wir ihn laufen lassen, geht er zur Polizei, man fängt uns und sperrt uns ein. Ich bin dafür, ihn totzuschlagen und zu verscharren." *Rajas* sagt: „Das wäre dumm und würde die Situation für uns verschlimmern. Man würde ihn suchen und finden, und dann Gnade uns Gott! Ich schlage vor, ihn zu fesseln und an einen Baum zu binden. Findet und befreit man ihn, ist es sein gutes *Karma;* wenn nicht, ist es sein Pech, und wir haben ihn jedenfalls nicht getötet." Dieser Vorschlag wurde angenommen und der Händler an einen Baum gebunden. Nach geraumer Zeit – der Händler hatte sich schon mit seinem Schicksal abgefunden und zu Gott gebetet – hörte er Schritte und sah, wie *Sattva* heranschlich und mit einem Messer seine Fesseln durchschnitt. Der Händler umarmte ihn und sagte: „Komm mit in mein Dorf. Du hast mein Leben gerettet, und ich werde dich belohnen." Sattva schüttelte den Kopf und sagte: „Das geht leider nicht. Die Polizei würde mich einsperren, denn ich bin als Räuber bekannt. Das einzige, was ich tun konnte, war, dich von den Fesseln zu befreien."

Da jedes Objekt dieser Erscheinungswelt ebenso aus den drei *Gunas* zusammengesetzt ist wie jedes betrachtende Subjekt, können wir erahnen, wie selten die *Guna*-Mischung des Objektes mit der des Betrachters übereinstimmt. Es bleibt also eine subjektive Betrachtung mit ganz geringer Chance, zu erkennen, was das Gesehene wirklich ist. Vedanta nennt es die Überdeckung von etwas Vorhandenem mit der Projektion eines Betrachtenden, dessen *Guna*-Mischung eine völlig andere ist. Damit sind wir bei Shankaras berühmtem Beispiel von der Schlange und dem Tau. Die Schlange, die wir in der Dunkelheit entdecken und die uns Angst und Schrecken einjagt, obwohl nur ein Stück Tau daliegt, ist aus keinem Ei hervorgekrochen, hat sich nie gehäutet und kann auch nicht sterben, weil sie nur in unserem Denken lebt. Nicht nur, dass wir nicht erkennen, was wirklich vorhanden ist; wir überziehen es auch noch mit einer Vorstellung aus der Datenbank unserer Erinnerung, die mit dem Gegenstand überhaupt nichts zu tun hat. So arbeitet unsere subjektive Vorstellung von der Erscheinungswelt, und der Vedanta benutzt das Beispiel von der Schlange im Tau als Illustration für das Verhältnis von *Brahman* und Erscheinungswelt. Das Universum erscheint in *Brahman* und wird durch Brahman erhalten, hat aber keine eigene Wirklichkeit, genausowenig wie die Schlange in der Dunkelheit, die sich bei genauer Untersuchung als Tau erweist.

Im Alltagsleben haben wir uns mit dieser Subjektivität völlig abgefunden und empfinden sie gar nicht mehr. Die Wissenschaft ist Evangelium, die Ost-West-Spannung erregt uns tief, der eine ist uns sehr sympathisch und ein anderer nicht, Angehörige eines anderen Glaubens sind falsch und unzuverlässig, und Gott kann nicht existieren, wo doch so viel Ungerechtigkeit und Elend auf der Welt herrschen.

Manchmal packt uns aber selbst im Alltag eine Ahnung der Unzulänglichkeit dieser Standpunkte, sei es beim Lesen einer heiligen Schrift, beim Betrachten eines Kunstwerkes, beim Musikhören oder bei der Begegnung mit einem ungewöhnlichen Menschen; wir erleben, wie unser Bewusstsein emporgerissen wird, sich ausweitet und alle bisherigen Perspektiven sich verschieben.

Nehmen wir ein Beispiel für diesen Prozess, der im Falle der Musik ganz besonders kompliziert und von vielen Faktoren beeinflusst ist. Stellen wir uns Bach in einer andächtigen, gehobenen Stimmung vor. *Sattva* dominiert, er ist erfüllt von Gottes Allmacht und Güte, gelangt in einen höheren Bewusstseinszustand und greift zu Notenpapier und Feder, um seiner Freude seinem Metier gemäß Ausdruck zu verleihen. Er schreibt Noten nieder, die seinen Bewusstseinszustand ausdrücken sollen.

Diese Musik ist nun Besitz der Menschheit und muss ertönen, um die in ihr enthaltene Andacht und Freude mitteilen zu können. Kommt es zur Interpretation, dann ist doch die Frage, ob die *Guna*-Struktur im Dirigenten und in den Musikern mit derjenigen Bachs übereinstimmt. Können sie auch so viel *Sattva* in sich wachrufen wie Bach? Also schon bei der Wiedergabe gibt es viele Beeinträchtigungsmöglichkeiten. Als nächstes kommt es auf den Zuhörer an. Kann er trotz dieser Widrigkeiten Bach voll genießen? Hat er selbst so viel *Sattva,* dass er in der Lage ist, in sich den Bewusstseinszustand zu schaffen, der Bach zu seiner Komposition inspirierte? Das muss jeder Zuhörer selbst herausfinden, der Zuneigung zur Musik von Bach empfindet.

Hier sollte nur aufgezeigt werden, wie kompliziert die Sache mit unserer Subjektivität ist, und wie viele Faktoren diese beeinflussen, um dies dann auf unser wichtigstes Thema zu übertragen, auf die heiligen Schriften und die Anweisungen des Guru. Auch hier macht unsere subjektive Auffassung nicht halt, und jeder kann nur so viel wahrnehmen, wie er selbst an Erkenntnis in sich wachgerufen hat.

Der Guru ist sehr wichtig für einen Suchenden, und Schwierigkeiten mit ihm entstehen vor allem durch die subjektive Betrachtungsweise des Suchenden. Er blickt zu ihm auf, bewundert ihn und versucht, ihn nachzuahmen, ohne zu wissen, ob seine Methoden und Übungen seinen persönlichen Fähigkeiten entsprechen. Die Gefahr liegt darin, dass wir einen Guru-Kult entwickeln, uns an die äußere Gestalt und Persönlichkeit des Lehrers klammern und dabei vergessen, dass er *Atman,* eine Manifestation des Absoluten Bewusstseins ist. Der Suchende sollte stets daran denken, dass es für seine spirituelle Entwicklung ein Hindernis ist, wenn er eine menschliche Gestalt zum Idol macht und eine Persönlichkeit blind anbetet. Ein echter Guru ist eine freie Seele und möchte, dass sein Schüler auf eigenen Füßen steht und sein eigenes göttliches Wesen erkennt. Wenn sich der Schüler blind an die Persönlichkeit des Guru klammert und ständig hilfesuchend zu ihm aufblickt, spürt dieser die Last und bedauert seine Unfähigkeit, dem Schüler die spirituelle Kraft und Freiheit vermitteln zu können, die er selbst besitzt.

Welche Erkenntnismethoden hat also der Vedanta anzubieten, die uns helfen könnten, die bloß subjektive Weltbetrachtung und die daraus entstehenden Probleme zu überwinden und zu einer Erkenntnis jener absoluten Wahrheit zu gelangen, auf die die Formel *Sat-Chit-Ananda* – Absolutes Sein, Absolutes Wissen, Absolute Seligkeit – hinweist? Bevor wir diese betrachten, muss vorausgeschickt werden, dass es sich bei der Erkenntnis, zu der uns der Vedanta führen kann, ausschließlich um die Erkenntnis spiritueller Wahrheiten handelt – also um die Erkenntnis Gottes, Seines Wesens als Absolutes Bewusstsein, der Identität des Selbstes im Menschen mit Gott und der Möglichkeit dieser Verwirklichung.

Der Vedanta unterteilt den Prozess, der zu dieser Erkenntnis führt, in drei Stufen: *Shravana, Manana* und *Nididhyasana.*

Shravana bedeutet, die heiligen Schriften der verschiedenen Religionen lesen, von einem geeigneten Lehrer über spirituelle Erkenntnisse und Wahrheiten hören, Daten über alles sammeln, was mit Religion und dem Suchen nach Gott zusammenhängt – kurz gesagt, unseren Computer gründlich füttern.

Mit *Manana* beginnt dann eine Arbeit, für die wir im Westen das Denken so intensiv ausgebaut und entwickelt haben, dass wir es kaum noch abstellen können, nämlich prüfen, analysieren, debattieren, abwägen und annehmen oder zurückweisen. Widersprechen die gehörten und gelesenen Dinge der Vernunft? Sind sie logisch und dem Verstand zugänglich? Stimmen sie mit meinen eigenen Erfahrungen überein? Sind es Hirngespinste oder leere Versprechungen? Will irgendein Ego uns nur zu seinen Ansichten bekehren? Ist es Wunschdenken oder Flucht vor der Realität des Alltags? Viele Kriterien sind da möglich und notwendig.

Swami Vivekananda hat den Rat gegeben: „Glaubt nicht an etwas, weil fünf Generationen eurer Vorväter daran geglaubt haben. Findet es selbst heraus."

Eine der ersten Anweisungen des Vedanta an den Suchenden lautet also: „Erhalte dir stets einen gesunden Skeptizismus und entwickle *Viveka,* das Unterscheidungsvermögen zwischen dem Wirklichen und dem Unwirklichen." Wer mit dieser Waffe dem Ansturm der Eindrücke entgegentritt, findet bald heraus, was für ihn geeignet ist und ihm weiterhilft auf dem beschwerlichen Pfad der Wahrheit. Bestehen die gehörten und gelesenen Fakten alle diese Prüfungen, dann sollten wir diese Erkenntnisse nicht zu den anderen Daten der relativen Erfahrung in die Schubladen unseres Gehirns packen, denn jetzt beginnt erst die wirkliche spirituelle Arbeit.

Nididhyasana bezeichnet die Fähigkeit, über das verstandesmäßige Begreifen einer Aussage hinaus ihren wirklichen Sinn meditativ zu erfassen. Wir wissen alle, wie sehr der Verstand uns manchmal narrt und in die Irre führt, und früher oder später finden wir heraus, wo die Möglichkeiten des Verstandes enden. Wie Shri Aurobindo es formulierte: „Das Denken ist das Mittel, und das Denken ist die Schranke."

Die Meditationsmethoden des Vedanta werden in einem besonderen Abschnitt behandelt; hier soll nur die Bedeutung der Meditation für *Nididhyasana* herausgestellt werden. Beim Meditieren über die geprüften und akzeptierten Erkenntnisse werden intuitive Kräfte ins Spiel gebracht – die großen Möglichkeiten unseres wahren Selbstes. Wir erkennen die Dinge nicht nur intellektuell, wir verwirklichen sie. Unser Bewusstsein wird dabei eins mit dem Bewusstsein des Aussagenden – eines Heiligen, Erleuchteten oder *Avatar.* Wenn wir nicht meditativ erfassen könnten, was Jesus erlebte, als er sagte: „Das Reich Gottes ist inwendig in euch" oder „Ich und mein Vater sind eins", dann wären seine Worte wert- und nutzlos für uns.

Nididhyasana führt unser körperidentifiziertes, egogebundenes Bewusstsein – durch die Aussage einer spirituellen Erfahrung stimuliert – in ein höheres Bewusstsein, ein göttliches Bewusstsein, das über Wachen, Träumen und Tiefschlaf hinausführt, und in dem allein letzte Erkenntnis der Wahrheit möglich ist. Es ist eine gewaltige Aufgabe, die uns aber nach ihrer Erfüllung das Recht gibt zu sagen: „Wir sind Kinder Gottes, Kinder der Unsterblichkeit."

Die Meditation im Vedanta

Wann und warum die Meditation entwickelt wurde, ist schwer zu sagen. Danach gefragt, sagen einige indische Lehrer, die *Sadhus* in Indien seien schon sehr früh dahintergekommen, dass die letzten Geheimnisse sich in der unendlichen Vielfalt der Erscheinungswelt nicht ergründen lassen. Der Westen hat ja ähnliche Erfahrungen machen müssen, als er glaubte, durch die physikalische Analyse des Universums Gott entdecken zu können. Je weiter wir ins Weltall vordrangen, um so größer wurde es, und Gott rückte immer weiter von uns fort.

Die alten *Rishis* (Seher) stellten ihre körperliche Begrenzung fest, da der Körper raum- und zeitgebunden ist, entdeckten aber, dass sie im Denken sehr viel mehr Freiheit besaßen. Mit ihren Gedanken konnten sie in anderen Erdteilen sein, auf dem Mond und sogar bei Gott. Darüber hinaus erfuhren sie aber, dass Bewusstsein auch dann noch vorhanden war, wenn das Denken aufgehört hatte. Aus diesen Entdeckungen machten sie eine Wissenschaft vom Bewusstsein und seinen vier Zuständen Wachen, Träumen, Tiefschlaf und *Turiya.* Jeder Mensch erlebt bewusst oder unbewusst die ersten drei, weiß von seinen Gedanken im Wachen und Träumen, stellt fest, dass er im Tiefschlaf nicht denkt, aber auch nicht tot ist. *Turiya* ist den meisten Menschen unbekannt und unzugänglich. Die *Sadhus* fanden heraus, dass es nur einen Zugang zu ihm gibt – die Meditation. Seitdem gibt es im Osten eine alte und lange Tradition verschiedener Meditationsschulen und -praktiken.

Als Bodhidharma den Buddhismus nach China brachte und er zum ersten Patriarchen des *Chan* wurde – dieser merkwürdigen Blüte des *Mahayana,* aus der später in

Japan *Zen* entstand –, wurde er einmal nach dem Wesen des Bewusstseins gefragt. Er kleidete seine Antwort in einen Vers:

Das Wesen des Bewusstseins
kann keine menschliche Sprache
erfassen oder erklären.
Erleuchtung ist nicht erlangbar.
Wer sie besitzt, behauptet nie: Ich weiß.

Seit geraumer Zeit hat eine Begeisterungswelle für Meditation auch den Westen erfasst. Anscheinend besteht im Westen ein erheblicher Nachholbedarf für Meditation. In unserem Alltag ist der Begriff Meditation schon zu einer gängigen und billigen Münze geworden: Meditation gegen den Stress der Manager, gegen Krankheit und Alter; Meditation, um stark und erfolgreich zu werden; Meditation als Beigabe zum Hatha-Yoga, als religiöse Verbrämung von Kampfsportarten oder Ernährungslehren, in einigen Sekten als neue Droge und in religiösen Kreisen als Mittel der Besinnung. Eine Inflation der Begriffe bis hinein in die bildenden Künste! Meditation als Heilmittel gegen alles, was uns am Alltagsleben nicht behagt. Vielleicht in allem die Ahnung, dass Größeres dahintersteckt.

Natürlich bleibt es bei dieser regen Nachfrage nicht aus, dass Schulen und Lehrer für Geld Meditationspraktiken verkaufen, die okkulte Kräfte, Erfolg und schnelle Erleuchtung versprechen. Alan Watts nennt sie schmunzelnd Gauner-Gurus. Auch sie sind notwendig, zumindest für die, die zu ihnen laufen und ihr Geld dafür ausgeben.

Um es einmal klar zu sagen: Meditation ist kein Drogenersatz und kein Ausgleichssport für Fernsehmüdigkeit. Jeder Suchende sei vor Versprechungen gewarnt, dass

Meditation leicht und mühelos sei und mit geringem Aufwand – außer finanziellem natürlich – erlangbar wäre.

Aus der Sicht des Vedanta ist Meditation nicht das Endziel, sondern eine Technik, die als Übung entwickelt wurde, DAS zu erkennen, wodurch alles erkannt wird und wonach nichts mehr zu kennen übrigbleibt.

Worin besteht dieses letzte Wissen? Dass wir *Atman* (Göttliches Selbst) sind, unvergängliches absolutes Bewusstsein – *Brahman.* Was hindert uns als *Jiva,* als individualisiertes Selbst, unser wahres Selbst zu erkennen? Es ist *Avidya,* Nichterkenntnis, die unseren *Atman* überdeckt und verhüllt. Die *Rishis* und *Sadhus* des Vedanta haben in ihrer tiefen Meditation herausgefunden, dass drei Hüllen den *Atman* umgeben:

1. *Sthula Sharira,* die grobstoffliche Hülle, ein Produkt der fünf Elemente, von den Eltern gezeugt, für das Grab bestimmt; Ergebnis unseres eigenen Karmas und uns als Körper bekannt und vertraut.

2. *Sukshma Sharira,* die feinstoffliche Hülle, bestehend aus dem Denkapparat, den Gefühlen und dem Gemüt. *Buddhi,* höhere Intelligenz, ist in ihr ein entscheidender Faktor, und wir bezeichnen sie als den feinstofflichen Körper.

3. *Karana Sharira,* die Ursachehülle. Sie ist weder wirklich noch unwirklich. Wir müssen sie unbeschreibbar nennen, und als *Maya* ist sie anfanglos. Ihre Haupteigenschaft ist *Ajnana,* Nichtwissen.

In dem Sanskritklassiker *Panchadashi* von Vidyaranya wird eine weitere Unterteilung vorgenommen, die wir auch im *Viveka Chudamani* von Shankara finden. *Sthula Sharira* wird dabei aufgeteilt in *Annamayakosha*, die Nahrungshülle, und *Pranamaya Kosha,* die Lebenskrafthülle. *Sukshma Sharira* wird aufgeteilt in *Manomaya Kosha,* die

Denkhülle, und *Vijnanamaya Kosha,* die Intelligenzhülle. *Karana Sharira* wird nicht aufgeteilt, sondern als *Anandamaya Kosha,* Seligkeitshülle, bezeichnet.

Vidyaranya sagt dazu kurz und prägnant: „Wer erkennt, dass sein Selbst von diesen fünf Hüllen verschieden ist, hat Identität mit Brahman erlangt."

Betrachten wir uns oder einen anderen Menschen in Wachbewusstsein, so sehen wir stets *Atman,* aber verborgen in den drei erwähnten Hüllen. Das Großartige am Menschsein ist, dass wir täglich die Auflösung zweier dieser Hüllen erleben. Ist das Körperinstrument müde und begibt sich zur Ruhe, so stellt sich gewöhnlich ein Zustand ein, den wir Träumen nennen. Der grobstoffliche Leib liegt im warmen Bett, aber in *Sukshma Sharira,* der feinstofflichen Hülle, können wir mit Schlittenhunden durch Grönland ziehen, auf Hawai wellenreiten oder im Himalaya in einer Höhle sitzen – unser Körper ist nicht beteiligt, die grobstoffliche Hülle ausgeschaltet.

Nehmen auch die Projektionen des Traums ein Ende, so hört jede Wahrnehmung auf; wir sind im Tiefschlaf. Hier gibt es keine Vorstellung mehr vom Körper, von alt oder jung, gesund oder krank, glücklich oder unglücklich.

Das ganze Universum ist ausgelöscht, nicht aber das Bewusstsein; es bleibt, aber ohne Bewusstseinsinhalte, da deren Produzenten – Körper und Denken – ausgeschaltet sind. Man ist Absolutes Bewusstsein, weiß davon aber nichts, weil man keine Verbindung zum Körperinstrument hat, das diesen Zustand erfassen und darüber berichten könnte.

Tiefschlaf und *Samadhi* haben eines gemeinsam: ist man in ihnen, verfügt man über kein Instrument der Aussage; hat man das Instrument zurückerlangt, ist man nicht mehr im Tiefschlaf oder im *Samadhi;* eines schließt also das andere aus. Der Unterschied zwischen Tiefschlaf und *Samadhi* besteht darin, dass ein Mensch der Nichterkenntnis aus dem Tiefschlaf im selben Zustand zurückkommt, aus dem tiefen *Samadhi* aber als Heiliger, denn hier wurde die letzte Hülle, *Karana Sharira,* zerstört.

Es geht also um die Auflösung der dritten Hülle, die nicht automatisch erfolgt wie bei den beiden anderen und somit Erkenntnis verhindert. Erleuchtung, Befreiung von den drei Hüllen, ist aber das höchste Ziel und die größte Sehnsucht des Menschen, dessen Geburtsrecht es ist, frei und glücklich zu sein.

Wir haben gesehen, dass beim Träumen eine Hülle abgefallen ist, wir aber hilflos den Wirkungen der beiden anderen ausgeliefert bleiben. Im Tiefschlaf sind zwar zwei Hüllen verschwunden, aber mit ihnen auch die Möglichkeit, etwas zur Auflösung der dritten zu tun.

Daraus ergibt sich also, dass nur im Wachbewusstsein die Vernichtung aller drei Hüllen möglich ist. Dieser Widerspruch hat ja, wie wir bereits feststellten, seinen Niederschlag in der intellektuellen Dialektik gefunden, dass mit *Maya*-Mitteln *Maya* niemals überwunden werden könne. Das hieße aber: keine Aussicht auf Befreiung – *Mukti.* Da jedoch für den Vedanta *Maya* nichts von *Brahman* Getrenntes ist, kann man sehr wohl den Teufel mit Beelzebub austreiben, das heißt, mit Hilfe von *Maya* den Knoten der *Maya* zerschlagen. Wir haben das am Beispiel des Traumtigers und Traumrevolvers gezeigt. Meditation ist der Traumrevolver, der den Traumtiger Körperidentifizierung, Angst und Nichterkenntnis erschießt. Was aber geschieht in echter, tiefer Meditation? Das Denken wird so einhellig auf eine bestimmte Vorstellung, ein Ideal, konzentriert, dass der Körper völlig vergessen wird und damit eine Hülle abfällt. Jetzt beginnt der Kampf mit der zweiten, der Denkhülle. Er ist schwer, aber nicht aussichtslos, denn in jedem Tiefschlaf, den wir genießen, ist sie ja verschwunden. Das Geheimnis der Meditation liegt darin, dass sie zusammen mit der Denkhülle auch die Ursachehülle durchstößt, die ja das Fundament der Nichterkenntnis ist. Man kann sich wohl vorstellen, welch gigantisches Ringen der Versuch bedeutet, das Denken, die ganze und einzige Wirklichkeit unseres Tagesbewusstseins, loszuwerden und den Zustand zu erlangen, den das *Zen* „Nicht-Bewusstheit" nennt.

Alle spirituellen Lehrer betonen, dass das Denken zuerst geläutert werden müsse, bevor man es schließlich überwinden kann. Warum Läuterung? Weil das Denken eine Funktion von *Ahamkara,* dem „Inneren Organ" ist, der Ichhaftigkeit. Hier liegt das Problem. Wie kann ein Denken der Körperidentifizierung, das sich und die Erscheinungswelt für wirklich hält, sein Verschiedensein vom Selbst erfahren und somit seine Unwirklichkeit? Die Egogebundenheit des Denkens wird alles tun, um ihrer Auflösung zu entgehen, und *Maya* gestattet ihr sogar eine Tarnung als Spiritualität. Meditation ist also in erster Linie ein Kampf auf der Ebene des Denkens. Hier hat der Meditierende einen starken Bundesgenossen, die *Buddhi* des Inneren Organs – Unterscheidungsvermögen und Intelligenz –, deren Kraft proportional zum Läuterungsvermögen zunimmt.

Über Meditation ist viel gelehrt und geschrieben worden, es gibt zahllose Techniken und Übungen, aber kein Patentrezept. Jeder Suchende muss in mühseliger Arbeit selbst herausfinden, wo seine Schwäche und wo seine Stärke liegt. Die wichtigsten Stoßrichtungen unseres Bemühens sind in den Anweisungen des *Karma-, Bhakti-, Raja-* und *Jnana-Yoga* aufgezeigt.

Ob wir das Denken totlaufen lassen, ob wir es zerschmelzen lassen in der Liebe zu einem *Avatar,* ob wir es durch den *„neti-neti"*-Prozess („Nicht dieses, nicht jenes") auseinandernehmen oder es in sorgfältiger Analyse dahin zurückführen, wo es entsteht, ins Bewusstsein, um zu erkennen, dass nach Ablaufen des Films die weiße, unberührte Leinwand zurückbleibt – entscheidend ist, dass sich mit dem Aufhören des Denkens auch die dritte Hülle auflöst.

Hört das Denken auf, und sind wir nicht in Tiefschlaf gefallen, dann fällt die dritte und letzte Hülle, und wir erfahren gedankenfreie, absolute Gewahrwerdung. Es ist ein Zustand, der immer unser war, nur von den drei Hüllen verdeckt – nämlich unvergängliches, unwandelbares Bewusstsein. Es wird beschrieben als *Sat-Chit-Ananda:* Absolutes Sein, Absolutes Wissen und Absolute Seligkeit. Der Meditierende sollte sich stets vor Augen halten, dass dies das einzige Ziel der Meditation ist, auch wenn er scheinbar noch ein gutes Stück davon entfernt ist.

Vedanta und die Naturwissenschaften

Der Vedanta kennt keine Schwierigkeiten oder Auseinandersetzungen mit den Naturwissenschaften, obgleich er manchmal ihre Überheblichkeit und ihren Führungsanspruch unangemessen findet. Im Wachbewusstsein und in der Erscheinungswelt, die es vor uns ausbreitet, hat die Naturwissenschaft ihre Berechtigung und erfüllt ihren Zweck. Sie befasst sich aber nur mit einem Aspekt des Seins, dem grobstofflich manifestierten, mit den Gesetzen des Ablaufs in dieser Ebene, somit mit den Gegensatzpaaren und der Kausalität. Naturwissenschaft ist ohne Subjekt-Objekt-Spaltung nicht zu betreiben, und da das höchste Lebensziel des Vedantin gerade die Überwindung dieser Spaltung ist, in der sich ein forschendes „Ich" einer vermeintlich objektgegebenen Welt gegenübersieht, findet er keinen großen spirituellen Nutzen in ihr.

Das naturwissenschaftliche Denken hat uns eine ganze Weile von Gott und der Religion weggeführt. Inzwischen hat sich jedoch in den Naturwissenschaften ein erheblicher Wandel vollzogen. Religion ist für sie nicht mehr unkontrollierbarer Gefühlsausbruch von Menschen, die unter Verdauungsschwierigkeiten oder Psychosen leiden. Man ist inzwischen beim intensiven Forschen, wenn auch ungewollt, in akausale und transzendente Bereiche vorgestoßen, die ohne Religion nicht erklärbar sind. Welche Rolle spielt es schon, ob man dabei von Gott, *Brahman,* Urmaterie, Urenergie oder dem Absoluten spricht – diese Begriffe deuten doch alle auf das *Eine.*

Bedeutende Wissenschaftler wie William James, Professor Bose, Max Planck, Albert Einstein und viele andere mussten feststellen, dass man zwar viel Wissen zusammentragen kann, aber damit noch nichts *weiß.* Diese Erkenntnis besaß der Vedanta schon vor Beginn unserer Zeitrechnung, und der chinesische Weise Laotse hat gesagt:

Wissen, dass man nichts weiß, ist das Höchste.
Nichtwissen für Wissen erachten ist Leiden.
Der Berufene ist frei von Leiden.
Weil er an seinem Leiden leidet,
Deshalb ist er frei vom Leiden.

Nehmen wir einen modernen und doch so alten Zweig der Naturwissenschaft, die Atomphysik, so können wir daran die Einstellung des Vedanta zu den wissenschaftlichen Errungenschaften deutlich machen.

Vedanta und die Atomenergie

Ein großer Teil der Menschheit in den technischen Zivilisationen, allerdings nur da, wo Diktaturen es nicht verbieten, ist zur Zeit mit heftigen Debatten über die Atomenergie beschäftigt.

Der Vedanta steht über dieser Problematik, die nach seiner Auffassung ein Spiel der Egos in der *Maya* ist, der Einzel-Egos, der Parteien-Egos und der Völker-Egos. Vedanta ist jedoch der Weg von der beteiligten Ichhaftigkeit zum unbeteiligten Zuschauerbewusstsein.

Auch Vedanta ist eine Wissenschaft, allerdings keine empirische, sondern die Wissenschaft des Absoluten – in uns. Ohne spirituelle Erkenntnis sind wir alle nur Körper, also Materie. Nach Auffassung des Vedanta ist Materie als *Prakriti* unbewegt, leblos, und bedarf einer Intelligenz, die sie belebt, antreibt und steuert. Krishna sagt in der *Bhagavad Gita:* „Ich bin der Herr meiner *Prakriti.*" Ohne Gott kommen wir also bei der Betrachtung der Vorgänge im Universum nicht aus. Welches sind nun die wesentlichen Merkmale dieser *Prakriti?* Die drei *Gunas* und *Shakti. Shakti* ist die Kraft, durch die sich Gott manifestiert als Energie – auch als Atomenergie.

Die berechtigte Frage, wie Intelligenz, Bewusstsein, in die leblose Materie der *Prakriti* gelangt, findet ihre Beantwortung im Atom. Vivekananda sagte in einem Vortrag: „Gott verbirgt sich im Atom." Ein indischer Heiliger unserer Tage, Nisargadatta Maharaj, sagt, dass der Heilige ein vertrautes Verhältnis zum Atom besitzt, denn in seiner Erleuchtung weiß er, dass alle Atomzusammensetzungen eins sind mit Brahman. Im Atom verbindet sich akausales, reines Bewusstsein mit zeit-, raum- und ursachegebundener

Materie, und somit entsteht die Vielfalt dieser Erscheinungswelt aus einem einzigen Prinzip.

Wir nennen diesen Vorgang *Maya*. Er ist für unseren Verstand unfassbar, und wie unerklärlich diese *Maya* ist, erkennen wir daran, dass in einem aus Atomen zusammengesetzten Gehirn- und Nervensystem die Relativitätstheorie entsteht, in einem anderen die Atombombe, in einem weiteren die kontrollierte Kernspaltung für friedliche Nutzung und in noch einem anderen Atomenergie-Gegnerschaft bis zur Gewaltanwendung. Ein Bewusstsein, aber so viele verschiedene Bewusstseinsinhalte und Gedankenkonstruktionen!

Vedanta sagt, dass die Frage „Wieso?" nicht zu beantworten ist. Solange atomargesteuerte Energie in einem Menschen Körperbewusstsein und Ichhaftigkeit schafft, muss er im Spiel der Vielfalt weitermachen und ist an das sich drehende Rad von Geburt und Tod gebunden.

Betrachten wir einmal dieses Maha-Lila, dieses große kosmische Spiel. Der Ausschnitt, den wir davon erblicken, ist nur klein. Mit der Zurückdämmung des religiösen Bewusstseins und der immer stärkeren Betonung der materiell-intellektuellen Seite des Menschen im Westen entstand unter Verwendung der Naturkräfte die Technik. Der technische Mensch machte sich das Feuer zunutze, setzte Energie in Bewegung um, schuf das Rad, die Eisenbahn, das Auto, das Flugzeug und die Rakete. Inzwischen steht er auf dem fernen Mond und ist doch weiter von seinem Selbst entfernt denn je zuvor. In seinem wissenschaftlichen Stolz will er nicht einsehen, dass er selbst nur ein winziges Spielzeug in diesem Spiel ist. Im Augenblick scheint auf dieser Erde das Spiel mit der Atomenergie begonnen zu haben, und der Mensch muss mitspielen, ob er will oder nicht.

Jedes Individuum hat die Wahl, ob es sich verrückt machen will durch Gedanken an Atomkrieg, Strahlengefahr und Erbschäden, oder stattdessen im Geheimnis des Atoms das Symbol findet für seine spirituelle Befreiung. Das Atom und seine vielfältige Energie sind da und haben genauso wenig erst mit Rutherford oder Einstein angefangen wie der *Advaita* mit Shankara. Nach der Auffassung des Vedanta vibriert diese ganze Erscheinungswelt im ewigen Rhythmus von Entstehung, Erhaltung und Auflösung – alles atomare Vorgänge. Für den Hindu ist der *Kali*-Aspekt der Zerstörung genauso gültig und wirklich wie der Schöpfungsaspekt; es sind zwei Seiten ein und derselben Medaille.

Advaita-Vedanta lehrt die Einheit aller Dinge als *Das Eine ohne ein Zweites (A-Dvaita).* Wie kann es in den endlosen Variationen des vielfältigen Universums Einheit geben? Es gibt sie im Atom! Hier ist der materielle Baustein dieser Erscheinungswelt kombiniert mit Energie-Bewusstsein.

Wäre es nicht so, könnte kein Mensch reines Bewusstsein, also Gott, verwirklichen. Shankara sagt in einem Meditations-*Stotra* über *Atman:* „Ich bin dieses unendliche, eine Prinzip und nicht nur eine Zusammensetzung materieller Elemente."

Vedanta ist der Auffassung, dass in dem uns bekannten Universum von allen lebenden und bewussten Kreaturen der Mensch als einziges Wesen in der Lage ist, sein wirkliches Selbst zu erkennen, sich von der Körperlichkeit zu lösen und im absoluten Bewusstsein aufzugehen. Zur Erfassung der materiellen Struktur dieser Welt hat er die Wissenschaft entwickelt, und zur Erfassung der bewusstseinsmäßigen die Meditation.

Vedanta hält die ganze Erscheinungswelt für das Symbol einer Wirklichkeit, die wir nicht erkennen, die aber da ist und von uns mit subjektiven Vorstellungen überzogen wird. Es sind die *Upadhis* (Namen, die wir für die verschiedenen Formen einer Substanz gefunden haben), die diese Vielfalt schaffen, da der Mensch mit einem körperlichen Sinnesapparat nur ein körperliches Universum wahrnimmt. Auch hier müssen wir wieder an Shankaras Beispiel von der Schlange und dem Tau denken. Entscheidend bei diesem Beispiel ist, dass wir nicht nur außerstande sind, das zu erkennen, was da ist, sondern es auch noch mit einer völlig anderen Vorstellung überziehen. Die Schlange findet ihr Ende durch Erkenntnis, und dann kann das Tau nicht wieder zur Schlange werden. Genauso geht es mit unserer Erkenntnis dieser Erscheinungswelt und ihrer Wirklichkeit – Gott. Selbst wenn wir uns vom Universum abwenden und uns nur noch mit seinem Schöpfer und Erhalter beschäftigen, überziehen wir auch Ihn mit *Upadhis* wie „Gott", „Allah", „Brahman", „Nirvana" und „das Absolute". Diese Begrifflichkeiten verschwinden erst, wenn wir eins werden mit Ihm im *Nirvikalpa-Samadhi* oder der *Unio Mystica.*

Für den Vedantin hat die Atomphysik eine eigenartige Faszination. Ist sie doch endlich eine Wissenschaft, die sich den Erkenntnissen des Vedanta annähert, da sie in akausale Bereiche vorstößt und somit in Metaphysik und Transzendenz, die bis vor kurzem von der Wissenschaft abgelehnt oder sogar geleugnet wurden. Als Symbol für spirituelle Vorgänge ist die Atomenergie sogar von großer Bedeutung.

Nisargadatta Maharaj hat sehr oft in Gesprächen über die Erlangung des höchsten Bewusstseinszustandes das Wort „Explosion" gebraucht. Er sagt: „Die Wirklichkeit ist nicht das Ergebnis irgendeines Prozesses oder Handelns, sie ist eine Explosion, absolut außerhalb der Reichweite des Denkens." Genau das ist der springende Punkt – Atomexplosion. Als Laien haben wir erfahren, dass in der ungehemmten Kernspaltung, also der Atomexplosion, Materie in reine Energie umgewandelt wird, mit einem Licht, das kein menschliches Auge ertragen kann.

Vor endlosen Zeiten schon sprachen die *Upanishaden* von einem Licht „heller als tausend Sonnen". Sie haben sicher nicht die Kernspaltung der Atomphysik gemeint, sondern den Vorgang in einem *Jiva,* wenn er die Dunkelheit seiner Körperidentifizierung und Täuschungserkenntnis der materiellen Erscheinungswelt umwandelt in reines, absolutes Bewusstsein – ein Licht heller als tausend Sonnen: Erleuchtung!

Für die Vedantin ist also die Umwandlung von Materie in Energie im Prozess der Kernspaltung Symbol für einen Prozess, den jeder einmal durchmachen muss, wenn er die Vorstellung von seiner begrenzten, vergänglichen Körperlichkeit umwandelt in die Erfahrung von *Sat-Chit-Ananda* zu sein, und aus dem *Jiva* wieder *Atman-Brahman* wird. Das ist nicht nur das einzige Ziel seines Lebens, sondern sein Geburtsrecht.

Die Universalität Shankaras

Shankaras *Viveka-chudamani* behandelt die Erlangung des Unterscheidungsvermögens zwischen dem Wirklichen und dem Unwirklichen, zwischen Gott und der Erscheinungswelt unseres Denkens. Es ist neben *Atman-bodha,* „Die Erkenntnis des Selbst", seine wichtigste Abhandlung über den *Advaita*-Vedanta.

Swami Prabhavananda, Gründer und bis zu seinem Tode 1976 Leiter der Vedanta-Gesellschaft in Hollywood, hat das Werk neu aus dem Sanskrit übersetzt, obgleich in Indien verschiedene Übersetzungen ins Englische vorlagen.

Christopher Isherwood hat ihm als bekannter Schriftsteller geholfen, eine einfache und allgemeinverständliche englische Formulierung zu finden. Worauf es Swami Prabhavananda ankam, war, die einhämmernden Wiederholungen Shankaras so intensiv zu machen, dass eine tiefe Denkrille im Gehirn entsteht, aus der die Nadel des Alltagsdenkens nicht sofort wieder herausspringt. Der Leser wird feststellen können, dass es ihm gelungen ist. Die deutsche Übersetzung lässt nichts davon verlorengehen und macht uns klar, dass es sich hier um einen reinen Meditationstext handelt.

Und da es sich um einen Meditationstext handelt, empfiehlt sich auch der meditative Umgang damit. Als vor einigen Jahren die Vedanta-Gesellschaft in Hollywood ein kleines Buch mit Swami Vivekanandas Aussprüchen über Meditation herausbrachte, schrieb Isherwood ein Vorwort dazu, in dem er sagte: „Beeilt euch nicht, dieses Buch schnell durchzulesen. Nehmt einen Abschnitt, einen Satz, und denkt einen Tag darüber nach – besser noch eine Woche. Solche Anweisungen bedürfen weniger Worte, aber unbegrenzten Nachdenkens! Diese Worte könnten als Gebrauchsanweisung auch den vorliegenden Texten von Shankara vorangestellt werden.

Mancher Leser wird sich vielleicht sagen, dass man nicht mehr tun kann, als ein Buch durchzulesen und festzustellen, ob es einem gefallen hat und zusagt. Aussagen über spirituelle Erkenntnisse unterscheiden sich aber von anderen Denkbewegungen dadurch, dass man mehr tun kann und muss, um mit ihnen überhaupt etwas anfangen zu können, und dafür hat Vedanta die drei Stufen *Shravana, Manana* und *Nididbyasana* entwickelt.

Es gibt von Shankara einen Sanskritvers, in dem er seinen *Advaita* kurz zusammenfasst. Die volkstümliche deutsche Übersetzung würde ungefähr so lauten:

In einem Satz sei es verkündet,
was man in tausend Büchern findet:
Nur Brahman ist wirklich, die Welt ist Schein;
das Selbst ist nichts als Brahman allein.

Die deutschen Indologen haben Shankaras Erkenntnisse oft als Philosophie der All-Einheit bezeichnet. Das ist ein sehr hübscher Begriff, trifft aber den Kernpunkt nicht, denn All-Einheit worin? In der Atomzusammensetzung? Im Geist? Im Pantheismus? Brahman kann keine Einheit sein, auch keine All-Einheit. Das sind Begriffe aus dem Dualismus, die für Brahman keine Gültigkeit haben; *Es* ist das *Eine ohne ein Zweites.*

Vedanta ist eines der sechs *Darshanas,* der sechs Denksysteme des Hinduismus. Diese sind:

1. *Nyana,* von Gotama gegründet.
2. *Vaisesika,* von Kanada gegründet.
3. *Samkhya,* von Kapila gegründet.
4. *Yoga,* von Patanjali gegründet.
5. *Mimamsa,* von Jaimini gegründet.
6. *Vedanta,* von Badarayana gegründet, der die *Vedantasutras* geschrieben haben soll.

Der Vedanta hat sich später in drei Schulen aufgeteilt, und zwar in den Advaita (Nicht-Dualismus) von Shankara im 8. Jahrhundert; den *Visistadvaita* (eigenschaftsbehafteter Nicht-Dualismus) von Ramanuja im 11. Jahrhundert; und den *Dvaita* (Dualismus) von Madhava im 12. Jahrhundert.

Uns beschäftigt Shankara, dessen Name heute oft mit dem Begriff „Vedanta" gleichgesetzt wird. *A-Dvaita* bedeutet Nicht-Zweiheit, also das *Eine ohne ein Zweites,* und mehr kann man über *Brahman* nicht aussagen. Ramakrishna hat gesagt: „Noch nie hat eine menschliche Zunge Brahman befleckt." Shankaras Lehre behauptet also, dass es nur eine Wirklichkeit – *Brahman* – gibt, und dass dieses Universum eine Täuschung unseres Denkens ist. Seine noch kühnere Behauptung stellt fest, dass wir als *Atman* identisch mit *Brahman* sind.

Ist es nicht auffallend und erstaunlich, dass die Mystik aller Religionen von unserer Einheit mit Gott spricht? Denken wir an die *Unio Mystica* der Christen, die Vorstellung, dass alle Wesen Buddha-Wesen haben – oder besser *sind* – im Buddhismus, den Ausspruch eines frühen Sufi-Mystikers:

„Ich wanderte von Gott zu Gott, bis es von mir zu mir rief ‚O Du Ich!'" Es gibt wunderbare Aussagen über dieses große Geheimnis. Der Sufi-Mystiker Omar Khajjam sagt in einem seiner *Rubai:*

Der Tropfen weint: Wie bin vom Meer ich weit!
Das Weltmeer lacht: Vergeblich ist dein Leid,
Sind wir doch alle eins, sind alle Gott –
Uns trennt doch nur das winz'ge Fünkchen Zeit.

Swami Vivekananda erlebte einmal eine seltsame Demonstration der Verwirklichung dieser Einheit. Nach dem Tode Ramakrishnas hatte er ganz Indien durchwandert, teils in Begleitung von Mönchsbrüdern, aber häufig allein.

Er war tief in die Seele Indiens eingedrungen und hatte erkannt, wie fest das Fundament aus Religion und spiritueller Verwirklichung gegründet war. Einmal kam er im Himalaya in ein kleines Dorf. Da er als *Sadhu* stets in Tempeln zu übernachten pflegte, dieses arme Dorf aber keinen Tempel besaß, fragte er die Dorfbewohner, ob es irgendwo einen Einsiedler oder Heiligen gäbe, bei dem er übernachten könne. Man sagte ihm, dass im nahen Wald ein *Sadhu* lebe, der unter einem Schweigegelübde stände und dem man gelegentlich Lebensmittel brächte. Man zeigte ihm den Weg, und Vivekananda ging in den Wald. Vor seiner kleinen Hütte saß der *Sadhu,* in tiefe Meditation versunken. Vivekananda setzte sich zu ihm und schloss die Augen. Er spürte sofort, dass der andere Verbindung aufgenommen hatte mit der Einen Unendlichen Kraft. Völlige Losgelöstheit und tiefer Friede durchfluteten ihn. Nach einiger Zeit bemerkte er, wie der Heilige sich regte. Er öffnete die Augen und sah, dass der andere ihn aufmerksam anblickte. Dann hob der *Sadhu* die Hand und zeigte zwei Finger, wobei er heftig den Kopf schüttelte. Darauf ließ er die Hand sinken, und während ein Leuchten aus seinen Augen hervorbrach, hob er erneut einen einzigen Finger. Darauf ging er wieder in tiefe Meditation und riss Vivekananda mit in den Strom des Unendlichen Bewusstseins.

Die Hindu-Tradition unterscheidet die Erleuchtung eines *Jivanmukta,* eines in diesem Körper Befreiten, von der Erleuchtung eines *Avatars,* einer göttlichen Inkarnation. Der erlangte Zustand ist derselbe, aber die Mission, Aussagekraft und Erfahrungsvielfalt unterscheiden sich wesentlich.

Der *Jivanmukta* hat die Notwendigkeit erkannt, in dieser Geburt Befreiung zu erlangen. Sein *Karma* hat ihn auf einen bestimmten Weg gesetzt, und auf diesem Weg gelangt er ans Ziel. Seine Aussagen darüber, sofern er welche macht, tragen den Stempel des von ihm beschrittenen Yoga-Weges, und man sagt, dass er nur auf einem Loch der Flöte der kosmischen Erkenntnis spielt.

Der *Avatar* kommt ohne karmische Bindung. In ganz kurzer Zeit macht er nach seiner Inkarnierung die gesamte Skala der menschlichen Empfindungen und Erfahrungen durch und bringt der Menschheit eine Heilslehre, die sich an alle wendet und von allen verstanden werden kann.

Er bläst auf allen Löchern der Flöte der kosmischen Erkenntnis. Dass die sich später um seine Lehre bildende Organisation sich meistens wieder darauf beschränkt, nur auf einem Loch zu blasen, kann dem *Avatar* nicht angelastet werden.

Shankara wird in der traditionellen Auffassung nicht als *Avatar* betrachtet. Er ist ein Heiliger, ein Erleuchteter und der Schöpfer eines Gedankensystems, das wir als *Advaita*-Vedanta bezeichnen. Heißt das nun, dass er auch nur auf einem Loch der Flöte bläst? Durchaus nicht, sein Wirken und Lehren besitzt eine große Bandbreite und Universalität.

Neben seinen Werken über den reinen *Advaita,* von denen eines, das im Westen noch weitgehend unbekannt ist, *Tatt va Bodha,* „Die Erkenntnis der Wahrheit", in dieses Buch aufgenommen wurde, hat er Kommentare zu den wichtigsten *Upanishaden* und der *Bhagavad Gita* geschrieben. Er schrieb den *Upadeshasahasri,* das „Buch der tausend Unterweisungen", und einen Kommentar zu Vyasas berühmtem Werk *Brahma-Sutras.* Doch nicht nur abstrakte Spekulation beschäftigt ihn, er kannte die Situation der Haushälter und sah die Schwierigkeiten der noch Körperidentifizierten, ohne Symbole sich dem Absoluten zu nähern. Er wusste, wieviel Sentimentalität, Gefühlswärme und Hingabekraft im Menschen verborgen liegt und oft darauf wartet, durch irgendeine Anregung in Erscheinung zu treten. So schrieb er eine Hymne an *Dakshinamurti,* je eine Hymne an *Govinda, Shiva* und

Mahadeva – Vorstellungen also des Persönlichen Gottes –, eine Hymne an *Kali,* die Göttliche Mutter, eine an den *Guru* und viele weitere Anbetungsverse. Auch eine reine *Advaita*-Hymne verfasste er, die später unter dem Titel „Sechs Stanzen über Nirvana“ bekannt wurde. Der Titel ist irreführend, denn man entdeckte, dass er diese sechs Stanzen dem Selbst gewidmet hatte, wie auch aus der Bezeichnung klar hervorgeht. Als Beispiel für seine Hymnen sei diese letztere vollständig zitiert:

ATMA-SATKAM

Sechs Stanzen über das Selbst

Om! Ich bin weder Denken noch Intellekt,
weder Ego noch Geist,
weder Ohr noch Zunge,
weder Sinn des Riechens noch des Sehens.
Ich bin nicht Äther, Erde, Feuer, Wasser oder Luft.
Ich bin Reines Bewusstsein und Seligkeit.
Ich bin Shiva! Ich bin Shiva!

Ich bin weder Prana noch die fünf Lebensenergien,
weder die sieben Elemente des Körpers
noch seine fünf Hüllen,
weder Hand noch Fuß oder Zunge,
weder Fortpflanzungs- noch Zeugungsorgan.
Ich bin Reines Bewusstsein und Seligkeit.
Ich bin Shiva! Ich bin Shiva!

Ich empfinde weder Ekel noch Zuneigung,
weder Gier noch Täuschung.
Ich besitze weder Ego noch Stolz,

weder Dharma noch Moksha,
weder Wünsche des Denkens noch Objekte der Wünsche.
Ich bin Reines Bewusstsein und Seligkeit.
Ich bin Shiva! Ich bin Shiva!

Ich bin weder Tugend noch Laster,
weder Freude noch Leid,
nicht das Mantra, das Heiligtum, die Veden, das Opfer,
nicht die Handlung des Essens
noch der Essende und die Nahrung.
Ich bin Reines Bewusstsein und Seligkeit.
Ich bin Shiva! Ich bin Shiva!

Ich kenne weder Tod noch Furcht noch Unterschied der Kaste.
Ich habe weder Vater noch Mutter,
nicht einmal eine Geburt,
weder Freunde noch Kameraden,
weder Schüler noch Guru.
Ich bin Reines Bewusstsein und Seligkeit.
Ich bin Shiva! Ich bin Shiva!

Ich habe weder Form noch Vorstellung.
Ich bin das Alldurchdringende.
Überall bin ich und dennoch jenseits der Sinne.
Ich habe weder Befreiung noch Verhaftung,
noch irgend etwas Erkennbares.
Ich bin Reines Bewusstsein und Seligkeit.
Ich bin Shiva! Ich bin Shiva!

Immer wieder hört man Aussprüche wie „ich suche Selbstverwirklichung“ oder „ich muss mich selbst finden“. Ist es aber die Suche nach dem wirklichen, spirituellen Selbst oder nur eine Egoregung, sich den anderen gegenüber durchsetzen zu wollen? Shankara hat über dieses Thema eine Abhandlung in achtundsechzig Sanskrit-Versen geschrieben unter dem Titel *Atma-bodha,* „Selbsterkenntnis“.

Das Ziel des spirituellen Bemühens ist die Erkenntnis des Selbstes *(Atman),* das nach der Erfahrung des Vedanta identisch ist mit dem Absoluten *(Brahman).* Die Hindu-Tradition ist der Auffassung, dass echte spirituelle Erkenntnis nur von einem geeigneten Lehrer *(Guru)* übermittelt werden kann. Der *Guru* allein vermag im Herzen des Schülers das Licht der Erkenntnis zu entzünden, denn Bücher können zwar informieren, aber keine Verwirklichung bewirken. Religion, die nur gepredigt wird, aber keine praktische Hilfe für die Verwirklichung bietet, entartet zu Kanzelreden, die nur den Intellekt ansprechen. Indiens spirituelle Weisheit ist durch eine ununterbrochene Folge von *Gurus* bis in die Gegenwart überliefert worden.

Der echte *Guru* besitzt die Erkenntnis *Brahmans,* er ist in *Brahman* fest gegründet. In den Schriften bewandert, kann er alle Zweifel zerstreuen. Die Nichterkenntnis des Schülers hindert den *Guru* nicht, seine Gnade und Erkenntnis über ihn auszuschütten. Wenn der Suchende, verwirrt von den Sinneserfahrungen und der Vergänglichkeit als Irdischen, sich verzweifelt dem Lehrer naht, dann mag er wohl mit Shankara sprechen:

„Rettet mich vor dem Tode, der ich gequält bin vom unauslöschlichen Feuer dieser Welt, das entfacht wurde vom Wind meiner bösen Taten in früheren Geburten. Rettet mich, der ich voll Furcht bin und Zuflucht bei Euch suche. Ich weiß nicht, wie ich das Meer dieser Erscheinungswelt überqueren soll, noch was mein Schicksal sein wird. Erbarmt Euch und belehrt mich ausführlich, wie ich dem Kreislauf von Geburt und Tod mit all seinen Leiden und Schmerzen ein Ende bereiten kann.“

Shankara lässt den *Guru* antworten: „Fürchte dich nicht, du brauchst nicht zu sterben. Es gibt ein Mittel, das Meer dieser Vergänglichkeit zu überqueren. Ich werde dir den Weg zeigen, den die Weisen vor dir gegangen sind. Nur durch Unwissenheit befindest du dich, der du das wirkliche Selbst bist, in den Klauen der Nichterkenntnis, die allein Geburt und Tod hervorruft. Das Feuer der Erkenntnis, das entfacht wird durch die Unterscheidung zwischen dem Selbst und dem Nichtselbst, verbrennt jedes Nichtwissen mitsamt seinen Folgen."

Welche Möglichkeiten hat nun der Suchende, sein Ziel zu erreichen? Nach Shankaras Auffassung sind es vier Dinge, die für ihn notwendig sind:

1. VIVEKA, die Unterscheidung zwischen dem Wirklichen und dem Unwirklichen, die voraussetzt, dass man die unerschütterliche Überzeugung besitzt: Nur Brahman ist wirklich, alles andere unwirklich. Ohne diese Unterscheidung sind weitere Schritte nicht möglich.

2. VAIRAGYA, Entsagung. Das ist die Geringachtung aller sinnlichen Genüsse bis hin zur Seligkeit, die man im Himmel erwartet. Kein Vergnügen sinnlicher Art kann unendlich sein, da es die Folge endlicher Handlungen ist. Auch gutes Tun, Barmherzigkeit, Anbetung und dergleichen sind endlich und zeitigen nur endliche Ergebnisse. Selbsterkenntnis ist nicht das Ergebnis irgendeines Handelns. Das Selbst ist immer vorhanden. Spirituelle Übungen räumen nur die Überdeckungen fort. Sie können mit dem Wind verglichen werden, der die dunkle Wolke vertreibt, die den Glanz der Sonne verbarg. Wie die Sonne nicht das Produkt des Windes ist, so ist das Selbst nicht das Produkt irgendwelcher Übungen.

3. SHATSAMPATTI, die sechs Schätze. Sie bilden die notwendige Grundlage für ein spirituelles Leben, und sich in ihnen zu üben, bereitet den Suchenden für die Aufnahme höherer Erkenntnis vor. Diese sechs Schätze sind:

Sama, die Stille. Nachdem sich das Denken von den Sinnesgegenständen gelöst hat, weil es ihre Vergänglichkeit erkannte, richtet es sich ganz gesammelt auf *Brahman.*

Der Suchende gibt sich ganz dem Hören über *Brahman* hin – sei es vom *Guru* oder aus den heiligen Schriften.

Er denkt über die Anweisungen nach und meditiert über ihre Bedeutung. Ein Vedantin muss die innere Stille pflegen, denn er wandelt auf einem schwierigen Pfad, wie auf des Messers Schneide. Er muss von seinem Ziel fest überzeugt sein, darf sich aber nicht von Leidenschaften regieren lassen.

Dama, Selbstbeherrschung. Die Wahrnehmungs- und Tätigkeitsorgane müssen von den Objekten ferngehalten und beherrscht werden. Wer *Dama* gemeistert hat, geht ganz im Hören über *Brahman* auf und vermag unentwegt über *Brahman* zu meditieren.

Uparati, Festigkeit. Fest in sich gegründet, vermag der Suchende Denken und Sinne von den Objekten der Welt fernzuhalten. Er entwächst dem weltlichen Leben und festigt seine spirituelle Erkenntnis.

Titiksha, Geduld, das Ertragen aller Anfechtungen, die sich aus den Objekten der Sinneswelt ergeben. Wer diese Tugend übt, den kümmern körperliche Beschwernisse wenig, und er spürt weder Besorgnis noch Kummer ihretwegen. Durch diese Geduld bleibt er unbewegt von Hitze oder Kälte, Freude oder Schmerz, Liebe oder Hass und allen anderen Gegensatzpaaren.

Samadhana, Konzentration. Durch Üben der eben erwähnten Tugenden kann er sein Denken konzentriert auf

Brahman richten, wie der Guru und die heiligen Schriften es lehren und vorschreiben.

Shraddha, Glaube, eine Arbeitshypothese, die den Strebenden befähigt, den vom *Guru* verkündeten Vedanta als wahr zu betrachten. Es ist kein blindes, mechanisches Glaubenwollen, vielmehr eine bejahende Einstellung, im Gegensatz zu einer zweifelnden oder verneinenden. Intuitiv glaubt der Strebende an das Vorhandensein einer letzten Wirklichkeit und an die Ewigkeit seines Selbstes. Durch diesen Glauben ist er bereit, jedes Opfer für die Verwirklichung der Wahrheit zu bringen. In der *Katha-Upanishad* begibt sich Nachiketa mit *Shraddha* gewappnet zum Gott des Todes, um über das Wissen des Jenseits zu erfahren. Ohne diesen festen, bejahenden Glauben ist kein Erfolg im spirituellen Leben möglich.

4. MUMUKSHUTWAM, Sehnsucht nach Befreiung. Der Suchende sehnt sich danach, durch Erkenntnis seines wahren Selbstes Befreiung zu erlangen von den Bindungen an Körper, Denken und Ego, die alle durch Unwissenheit entstanden sind. Dieses Sehnen darf nicht als Rastlosigkeit verstanden werden. Rastloses Denken beweist mangelnde Beherrschung und mangelnden Glauben an das Vorhandensein der Wahrheit. Sehnsucht nach Befreiung ist das Ergebnis der aufgezählten Tugenden. Sie richtet das Denken konzentriert auf einen Punkt und vermag die Wolke der Nichterkenntnis zu durchstoßen. Entsagung und Sehnsucht nach Befreiung sind der Höhepunkt der sechs Tugenden, ohne sie bleiben alle ethischen und moralischen Vorstellungen ohne spirituellen Wert.

Diese Ausführungen machen uns klar, dass *Bhakti,* die Hingabe an das Göttliche, für Shankara ein wesentliches Mittel für die Erlangung der Befreiung ist. *Bhakti* erzeugt den notwendigen Eifer, die spirituelle Leidenschaft, die zur Verwirklichung der Wahrheit führt. Ohne diesen Gefühlsantrieb landet der Suchende leicht im trockenen Intellektualismus und in rein spekulativer Philosophie. Damit kann er das Ziel, die Erkenntnis seines wahren Selbstes, nicht erreichen.

Vedanta im Alltag

Es gibt nicht allzu viele Menschen, die wirklich ernsthaft am Vedanta interessiert sind und ihn praktizieren. Diese Praxis ist schwierig und dem Alltagsdenken so entgegengesetzt, dass nur wenige genügend Aufmerksamkeit und Konzentration aufbringen, um einen spirituellen Nutzen an sich feststellen zu können.

Als Vivekananda aus Amerika zurückgekehrt war, wurde einer seiner Brudermönche eingeladen, in Kalkutta einen Vortrag zu halten. Der Besuch war mäßig, es war ein Kommen und Gehen, und einige Zuhörer waren sanft eingeschlafen. Der Swami war nach seiner Beendigung des Vortrags etwas traurig und sagte zu Vivekananda: „Schade, Vedanta scheint doch nur für wenige geeignet zu sein." Vivekananda legte tröstend seinen Arm um ihn und sagte: „Sei nicht traurig, Bruder, ich habe in Amerika mit meinen Vedanta-Vorträgen ganze Säle leergefegt."

Wir alle gehen davon aus, dass es Zweck und Ziel unseres Lebens sein muss, glücklich zu sein. Bei längerem Nachdenken müssen wir feststellen, dass wir uns dabei völlig von Sinnesobjekten abhängig gemacht haben. Swami Brahmananda hat seinen Schülern immer wieder gesagt: „Ihr wollt glücklich sein, das ist euer Geburtsrecht. Aber braucht ihr dafür die Surrogate der Sinnesobjekte? Das

Glück ist in euch, da ihr göttlich seid. Das Lechzen eures Ego nach Sinneslust ist doch nur eure Fehlinterpretation des Drangs eures *Atman,* wieder eins zu werden mit *Brahman,* denn nur dort ist Freiheit und Seligkeit.“

Deshalb ist es eine der wichtigsten Aufgaben, uns im Alltag klarzumachen, dass all die vielen Dinge, von denen wir Glück erhoffen, materielle Zusammensetzungen sind, die kein wirkliches Glück enthalten können. In uns ist das Glück. Da wir nicht gelernt haben, es in reiner Bewusstseinsform in uns zu genießen, projizieren wir es auf Objekte außerhalb von uns, genießen einen schwachen Abglanz und sagen dann in unserer Nichterkenntnis: diese Frau oder jener Mann macht mich glücklich. Die Musik hat mich glücklich gemacht. Und so machen wir uns unentwegt vor, dass einige Objekte der Erscheinungswelt uns glücklich machen, andere dagegen nicht. Enthielten sie wirklich Glück, dann müssten alle uns glücklich machen, und diese Welt wäre ein einziger Freudentaumel. Leider ist das nicht so.

Was wir in unserem Alltag brauchen, ist ein Zufluchtsort, ein Ruhepunkt, jeden Tag eine gewisse Zeit der Besinnung und Abstandgewinnung. Diese meditative Stimmung, die Vedanta uns als tägliche Medizin empfiehlt, hat selbst für einen skeptischen Verstand ihre Anziehungskraft. Sich vorzustellen, dass es uns durch Meditationsübungen gelingt, ein Gefühl des Gleichmuts, der Freiheit und des Glücks in uns wachzurufen, ohne von äußeren Objekten und Stimulanzien abhängig zu sein, ist in sich schon verlockend. Welcher Reichtum, welche Kraft und welche Möglichkeiten sind in uns, ohne Mithilfe der äußeren Welt!

Spinoza hat gesagt: „Freiheit von heißt Gebundensein an.“ Versuchen wir doch einmal, uns jeden Tag für eine kurze Zeit freizumachen von den Gegensatzpaaren und dem Zwang der Kausalität, und genießen wir die Bindung an unser wirkliches Selbst, das so nahe und wirklich ist als Sein, Wissen und Seligkeit.

Vedanta bezeichnet den Körper als unser psycho-physisches Instrument. Der Physis widmen wir im allgemeinen übertriebene Aufmerksamkeit und laufen Gefahr, psychisch einzutrocknen und krank zu werden. Spirituelle Übungen sind Medizin für die Psyche, die genauso der Nahrung bedarf wie der grobstoffliche Körper. Jeder wird früher oder später erkennen, dass meditative Besinnung auf unsere wahre Wesenheit für unser Wohlbefinden von großer Bedeutung ist.

Eine sehr gute Übung, die den ganzen Tag aber angewandt werden kann, ist *Japam.* Es ist die ständige Wiederholung einer spirituellen Formel von magischer Kraft. Es kann ein Name Gottes sein, ein vom *Guru* erhaltenes *Mantram,* ein Vorsatz, ein Gebet, eine Wortumkleidung eines Ideals.

Zweck des *Japam* ist, einen ölgleich fließenden Unterstrom in unserem Tagesbewusstsein zu schaffen, der es immer oberflächlicher erscheinen und manchmal abreißen lässt, damit, wie im Kino, die weiße, unberührte Leinwand des Bewusstseins sichtbar wird.

Die Schwierigkeiten unseres Alltags liegen darin, dass wir die Gedankeninhalte des Bewusstseins mit Absolutem Bewusstsein verwechseln. Schon Descartes hat uns irregeführt mit seinem *cogito ergo sum,* und lange hat man im Westen geglaubt, dass durch Denken Bewusstsein entsteht. Vedanta hat erfahren, das Bewusstsein etwas Absolutes ist, das zwar Denken ermöglicht, aber auch besteht, wenn wir ohne Denken sind, wie im Tiefschlaf und im *Samadhi.* Denken ist ein Prozess des Hintereinander, des zeitlichen Ablaufs, und in jeder kleinen Lücke, die, für uns nicht fassbar, zwischen den

Gedanken entsteht, manifestiert sich das Absolute Bewusstsein. Die modernen Lehrer des Vedanta vergleichen unseren Gedankenprozess mit einer Filmvorführung auf einer Leinwand. Unsere Gedanken projizieren endlose Szenen von Hass, Liebe, Angst, Glück, Enttäuschung und Erwartung, aber wenn die Projektion aufhört, bleibt immer noch die weiße, unbefleckte Leinwand. Das Licht, das die Projektion ermöglicht, aber auch die Leinwand sichtbar werden lässt, ist das Licht unseres *Atman.*

Was unseren Alltag so unruhig und schwierig macht, sind die ewigen Zweifel und die vielfältigen Ansichten anderer. Solange wir selbst keinen festen Standpunkt haben, sind wir ihnen gnadenlos ausgeliefert. Da spirituelle Wahrheiten erfahrbar, aber nicht beweisbar sind, können sie empirisch nicht demonstriert werden. Wenn jemand behauptet, dass es Gott gibt, kann er es einem Skeptiker nicht beweisen; dieser kann aber auch nicht beweisen, dass es Gott nicht gibt. Wenn Vedanta Bedeutung für unser Alltagsleben erlangen soll und wir spirituelle Hilfe von ihm erwarten, dann sollten wir verschiedene Dinge beachten: Wir sollten so früh wie möglich mit dem spirituellen Leben beginnen.

Wer sich spirituell nicht betätigt, solange er im Beruf und Alltag beschäftigt ist, wird auch dann keine spirituelle Einstellung gewinnen, wenn er sich von seinen Pflichten zurückzieht. Der Mensch wird entdecken, dass die alten Eindrücke zu tief verwurzelt sind und er von ihren Instinkten und Impulsen so sehr versklavt ist, dass er seine Handlungsfreiheit verloren hat. Er kann die ihm verbleibende Zeit für seine Befreiung nicht mehr nutzen.

Wir sprechen oft von Gottes Gnade. Die göttliche Gnade wird einem Menschen in Form eigener Anstrengungen zuteil, im Streben nach höheren, beständigeren Dingen, als diese Erscheinungswelt es ist. Gott erwartet, dass ich mein Äußerstes tue, sonst wird mir auch Gottes Gnade nicht zuteil. Zu diesen Anstrengungen gehört auch das ständige Denken an Gott. Wir sollten sorgfältig beobachten, wie unser Denken auf Menschen und Dinge reagiert, und unser Handeln danach einrichten. Wenn wir zu viel Zuneigung zu unserem weltlichen Leben entwickeln, bleibt keine Energie mehr übrig für die Liebe zu Gott.

Wir sollten zu einer klaren Vorstellung über Weg und Ziel unseres Lebens gelangen. Das letzte Ziel kann immer nur die Verwirklichung unseres eigenen Selbstes sein. Unser Verlangen nach Gott sollte größer werden als das Verlangen nach den Objekten seiner Schöpfung. Ferner sollten wir uns klarwerden darüber, ob wir auch wirklich bereit sind, den Preis für die Selbstverwirklichung zu zahlen.

Ramakrishna pflegte zu sagen: „Wenn man einen Topf oder ein Stück Stoff kaufen will, muss man den Preis bezahlen." Gewiss kann man manchmal handeln, aber bezahlen müssen wir. Bei spirituellen Dingen aber glauben die Menschen, dass sie alles geschenkt bekommen. Wenn wir jedoch alle Schwierigkeiten und Täuschungen überwinden wollen, müssen wir wagemutig, furchtlos und tapfer sein und gewillt, den Preis zu zahlen.

Nur wenige Menschen können gleich am Anfang ihrer spirituellen Übungen über den formlosen, eigenschaftslosen Aspekt Gottes meditieren. Er geht über unser Erfassungsvermögen hinaus, da wir selbst nur Bläschen sind auf dem Ozean des unendlichen Bewusstseins. Wir müssen uns zuerst an die Wellen in Form der Propheten, Heiligen und göttlichen Inkarnationen halten, die uns mit der Weite des Ozeans vertraut machen. Als Wellenberge sind sie sich ihrer Zugehörigkeit zum Ozean stets bewusst, und in ihrer Wellenform begrenzen sie den Ozean nicht.

Religion darf für den Suchenden nicht nur aus Sonntagmorgen-Andacht bestehen, sie muss sein ganzes Leben erfassen und durchdringen. Wir sollten ihr einen Platz in unserer Wohnung einräumen. Wenn kein gesonderter Raum für spirituelle Übungen zur Verfügung steht, sollten wir eine stille Ecke wählen, in der wir täglich zu festgelegten Zeiten Besinnung üben, um dort eine Schwingung aufzubauen, die uns mit zunehmender Stärke hilft, dem Alltag zu entgleiten. Jeder, der die Antenne dafür hat, spürt in alten Kirchen die gewaltige spirituelle Schwingung, die betende Menschen dort aufgebaut und hinterlassen haben. Von unserer stillen Ecke sollten wir Zeitungen und Illustierte fernhalten. Die Abbildung von irgend etwas Heiligem ist hilfreich, und auch der angenehme Geruch von Räucherstäbchen.

Wenn wir uns zur Besinnung niedersetzen, so können wir nicht erwarten, sofort unser wirkliches Selbst zu finden oder Erleuchtung zu haben. Erst einmal sind wir dann unserem Denken ausgeliefert und müssen es laufen lassen.

Vedanta vergleicht unser Bewusstsein mit einem See, auf dem die Brise des Denkens ständig kleine Wellen *(Vrittis)* schafft, von denen die Oberfläche aufgerauht wird, sodass wir nicht auf den Grund blicken können. Nehmen wir einen schweren Stein und werfen ihn in den See, dann löschen seine großen Wellen vorübergehend die kleinen aus. Ein starker spiritueller Gedanke vermag ebenso die kleinen Alltagsgedanken zu vertreiben, und das müssen wir üben. Vivekananda hat unser Denken mit einem Affen verglichen, der – von Natur aus ruhelos – obendrein vom Wein der Sinnesbegierden trunken ist und dazu noch vom Skorpion der Leidenschaften gestochen wurde.

Wir sind gewohnt, Erwartungen an jedes Tun zu knüpfen. Was kann bei unserer Meditation, wenn wir sie schon so nennen wollen, für uns herauskommen? Ein wesentlicher Gewinn ist die Furchtlosigkeit. Die zivilisierte Welt ist zur Zeit von einer Manie der Angst befallen. Wer aber erkennt, dass er nicht der Körper ist, sondern vergängliches Bewusstsein – was hätte er zu fürchten? Furchtlosigkeit ist deshalb eine große Lebenshilfe.

Ein weiterer erlangbarer Zustand ist das Zuschauer-Bewusstsein, das ein einziger Spaß ist. Mit dem Abstand kommt der Humor, und wir müssen Nietzsche recht geben, wenn er sagt, dass die meisten Christen das heidnische Lachen verlernt haben. Wir geben zu sehr vor, fromm zu sein.

Als Swami Prabhavananda bei der Einweihung einiger Schüler in das monastische Leben auf die anderen Anwesenden blickte, sah er sie mit todernsten Gesichtern dasitzen. Er war ganz erschrocken, bespritzte sie mit Gangeswasser und rief: „Ihr tut so fürchterlich fromm!" Ein befreiendes Lachen brach aus. Wir brauchen viel von diesem befreienden Lachen. Im Zuschauer-Bewusstsein finden wir ständig Anlass dazu. Derselbe Swami war ein verwegener Autofahrer. Als ein Besucher ihn fragte, warum er so schnell und riskant fahre, sagte er schmunzelnd: „Das ist die einzige Zeit, wo meine Schüler beten!"

Vedanta kann zu einer tragenden Kraft in unserem Alltag werden. Natürlich brauchen wir zunächst Glauben als Arbeits-Hypothese. Wenn sich aber Fortschritt und Erfolg einstellen, erkennen wir die Wirkungen unserer Übungen und werden geradezu süchtig nach ihnen. Wir werden keinen Tag vergehen lassen, an dem wir nicht unsere stille Ecke aufsuchen, um immer wieder überwältigt zu sein von der Fülle der Möglichkeiten, die in diesem Tun verborgen liegen. Wo könnte es ein größeres Gefühl von Glück und Frieden geben als in der Erfahrung, Kinder Gottes, Kinder der Unsterblichkeit zu sein!

Anmerkungen

1. Wir haben uns entschlossen, den Ausdruck „Überdeckung“ oder „Überlagerung“ durchgehend zu gebrauchen, wo im englischen Text das Wort „superimposition“ gebraucht ist. Diese Wahl ist nur ein Notbehelf, da die deutsche Sprache kein genau entsprechendes Wort besitzt.

Das Wort, das Shankaras Idee am nächsten kommen würde, wäre ein Begriff aus der modernen Optik: „Projektion“. Der Leser sollte sich ein Diapositiv oder einen Film auf eine Leinwand projiziert vorstellen. Die Leinwand würde „Brahman“ entsprechen, dem „Grund“, einem Ausdruck, dem wir in den Schriften der deutschen Mystiker in genau diesem Sinn begegnen. Dieser „Grund“ bleibt unbemerkt, aber ohne ihn wäre die Welterscheinung unmöglich.

Im Hauptteil des Werkes werden wir Shankaras eigener Definition des Vorganges der Überdeckung begegnen. Sie lautet: „Überdeckung ist eine Vorstellung, auf vergangene Beobachtung gegründet, die das Gedächtnis dem Bewusstsein vorspiegelt.“

2. Die englische Übersetzung benutzt sehr oft das Wort „mind“, Die deutsche Sprache besitzt kein genaues Äquivalent für diesen Begriff, der eine Zusammenfassung aller Gedanken und Gefühlsprozesse bezeichnet. Wir mussten uns daher, wenn auch ungern, zum Gebrauch des Wortes „Denkorgan“ entschließen. Dieses Wort sollte als eine Art von Schlüsselwort verstanden werden, ohne dessen Einführung eine deutsche Übersetzung unmöglich wäre.

Wo immer es möglich war, wurde der Ausdruck „Denkorgan“, der in keinem Fall als Bezeichnung eines physischen Organs verstanden werden darf, von anderen Worten, wie „Denken“, „Bewusstsein“ oder „Gedanken“ abgelöst.

3. Brahma, ein Glied der Hindu-Dreifaltigkeit, der Schöpfer, zu unterscheiden von Brahman, Gott in seinem unpersönlichen Aspekt.

4. Die Hindu-Dreifaltigkeit: Brahma, der Schöpfer; Vishnu, der Erhalter; Shiva, der Zerstörer.

Ankündigung des Verlags

Der Verlag advaita media initiiert gleichzeitig zwei neue Buchreihen, wobei das hier vorliegende Buch das erste der Reihe KLASSISCHE WEISHEITSTEXTE ist. Repräsentiert wird diese Reihe zumeist alter, dabei zeitloser Weisheitslehren durch das Symbol höchster Vollkommenheit.

IN DIESER REIHE SIND BISHER ERSCHIENEN:

Shankara – Das Kleinod der Unterscheidung
Sri Karapatra Swami – Advaita Bodha Deepika

Die Reihe HEILIGE WISSENSCHAFT integriert moderne Impulse innerer Wissenschaft in den uralten Strom ewiger Weisheit, wie sie aus der westlichen Bewusstseinsforschung zufließen, so z.B. durch Jean Gebser, Ken Wilber, OM C. Parkin. Dieser Reihe ist das integrale Logo zugeordnet.

IN DIESER REIHE SIND BISHER ERSCHIENEN:

OM C. Parkin – Das digitale Zeitalter aus Sicht der Weisheitslehre
OM C. Parkin – Das Erwachen des schlafenden Elefanten

OM C. Parkin
Intelligenz des Erwachens
Die spirituelle Neugeburt des Menschen

3. aktualisierte und erweiterte Auflage

advaitaMedia,
Hardcover, 554 Seiten
ISBN 978-3-936718-19-5

Intelligenz des Erwachens

Die spirituelle Neugeburt des Menschen

OM C. Parkin ist ein in Deutschland lebender spiritueller Meister, der die östliche Lehre der Nicht-Zweiheit mit westlicher Tiefenpsychologie und Elementen von Gurdjieffs Viertem Weg verbindet. Er steht für eine Spiritualität, die alle Aspekte des Menschseins integriert, und den Menschen dadurch bereit macht, die Frage „Wer bin ich?" zu stellen.

Intelligenz des Erwachens ist ein Lehrbuch zur Erkenntnis des SELBST durch das Gehen des inneren Weges und das Studium der Ewigen Philosophie. OM C. Parkin erläutert darin die Grundlagen des Befreiungsweges, den ein verinnerlichter Mensch jenseits konfessioneller Bindung in diesem Leben gehen kann, um das Wissen um seine wahre Natur zu erlangen. In vier Kapiteln werden die Grundpfeiler dieses Pfades, das Studium des Geistes, das Verständnis des Leidens, des inneren Weges selbst und der Lehrer des Weges, ausführlich dargestellt.

„Dieses Buch beantwortet Fragen, die viele spirituelle Sucher sich stellen; es sind auch meine Fragen. Ich bin aufgerufen, mit offenem Herzen und offenem Geist diesen genialen Ausführungen zu folgen – dann öffnen sich Türen und ich sehe: Es geht um mich! Mein Forschergeist, meine Neugier, mein Wunsch zu verstehen werden belohnt. Dieses Buch ist von einzigartiger Kraft, die im tiefsten Inneren einen Eindruck hinterlässt. Ich halte etwas Kostbares in meinen Händen."

C.W. – eine Leserin

advaita media

www.advaitamedia.com

OM C. Parkin
Spirituelle Meisterschaft
Lehrer und Schüler auf dem inneren Weg
advaitaMedia
Hardcover, 361 Seiten
ISBN: 978-3-936718-55-3

Spirituelle Meisterschaft

Lehrer und Schüler auf dem inneren Weg

Der Autor bietet tiefgründige Anleitung für den ernsthaft interessierten Menschen des spirituellen Weges an. Präzise und mit unbestechlicher Unterscheidungskraft beschreibt er unter anderem die kollektiven ‚Löcher' in der Entwicklung des abendländischen Bewusstseins und mit welch gravierenden Missverständnissen ein Suchender deshalb zu rechnen hat. Missverständnisse und Unwissenheit darüber, was ein spiritueller Meister überhaupt ist, darüber, wie die Natur des inneren Weges beschaffen ist und darüber, was unter ‚wahrem Menschsein', ‚Heilung' und ‚Wachstum' eigentlich zu verstehen ist. Große Unwissenheit zeigt sich im Geist westlicher Suchender häufig auch, wenn es um die Bedeutung verbindlicher Schülerschaft auf dem inneren Weg geht. Der Meister transzendiert alle relativen Wahrheiten und gibt die Sicht auf die Eine, die absolute Wahrheit frei. Eine wahrhaft radikale Wegweisung!

Ramana Maharshi
NAN YAR?
Wer bin ich? – Who I am?
Zweisprachige Ausgabe: Deutsch - Englisch
advaitaMedia
Hardcover, 86 Seiten
ISBN: 978-3-936718-00-3

NAN YAR?

Wer bin ich? – Who I am?

Deutsch – Englisch

„Wer bin ich?" ist der Titel einer Reihe von Fragen und Antworten, die sich mit dem Thema Selbsterforschung befassen. Die Fragen wurden Sri Ramana Maharshi von einem Schüler gestellt, der ihn im Jahre 1902 in einer Höhle am Berg Arunachala/Südindien aufsuchte und um spirituelle Führung bat.

Dieses Werk gehört zu den beiden einzigen Prosastücken unter Ramana Maharshis Mitteilungen in eigenen Worten und vertritt die Lehre des direkten Weges zur Befreiung durch Selbsterforschung.

P. D. Ouspensky
Der Vierte Weg
Anleitung zur Entfaltung des wahren menschlichen Potentials nach G. I. Gurdjieff

advaitaMedia
Hardcover, 648 Seiten
ISBN: 978-3936718-30-0

Der Vierte Weg

Anleitung zur Entfaltung des wahren menschlichen Potentials nach G. I. Gurdjieff

„Der Vierte Weg" ist eine der Hauptquellen, aus der wir heute aus der Weisheit Georges I. Gurdjieffs (1866–1949) schöpfen können. Es ist die umfassendste Zusammenstellung der Vorlesungen von Peter D. Ouspensky (1878–1947), des wichtigsten Vermittlers von Gurdjieffs Lehren, die je in Buchform erschienen ist.

Gurdjieff grenzte einen „Vierten Weg" ab gegenüber den drei traditionellen spirituellen Wegen: dem des Fakirs, dem des Mönches und dem des Yogi. Während der Fakir sich auf die Wahrnehmung und Erweiterung des Körperbewusstseins (im „ersten Gehirn") begrenzt, der Mönch auf die des fühlenden Bewusstseins (im „zweiten Gehirn") und der Yogi auf die des denkenden Bewusstseins (im „dritten Gehirn"), ist der „Vierte Weg" frei von solchen Begrenzungen.

Er integriert die drei traditionellen Pfade sowie die drei Gehirne des Menschen. Gurdjieff hielt den „Vierten Weg", was seine Effektivität betrifft, den anderen dreien für überlegen. Es ist der Weg des „schlauen" Menschen, der genau von dort aus gegangen werden kann, wo wir uns befinden. Er hat das Potential, das gesamte alltägliche Leben zu durchdringen. Kernelemente, wie die stetige Übung einer bestimmten inneren Achtsamkeit (Selbst-Erinnerung) und die Nicht-Identifikation mit Vorlieben und Abneigungen, entfalten ihre Wirkung unabhängig von Kultur und Zeit.

„Der Vierte Weg" ist ein Lehrbuch im besten Sinne – es besteht in weiten Teilen aus Dialogen zwischen Ouspensky und seinen Schülern.

Dieses Buch ist seit Jahrzehnten ein Klassiker der Lehren Gurdjieffs und Ouspenskys.

advaita media

www.advaitamedia.com